CONSILIA 12

Kommentare für den Unterricht

Herausgegeben von Hans-Joachim Glücklich

Hubert Müller

Senecas »Epistulae morales« im Unterricht

2., veränderte Auflage

Vandenhoeck & Ruprecht

Neue Recht-schreibung

Exempla 12 ist in Grund- und Leistungskursen einsetzbar.

ISBN 3-525-25656-6

Internet: www.vandenhoeck-ruprecht.de
 Printed in Germany.
Satz: Schwarz auf Weiß GmbH, Hannover.
Druck und Bindung: Hubert & Co., Göttingen.
Umschlaggestaltung: Markus Eidt, Göttingen.

Gedruckt auf chlorfrei gebleichtem Papier.

Inhalt

Einleitung

1. Seneca im Unterricht

Vor rund vierzig Jahren beklagte Heinrich Krefeld, dass auf Seneca kaum hingewiesen werde, wenn über die Frage diskutiert wird, welche Bildungsstoffe die Lateinlehrer den Schülern nahebringen sollten[1]. Die Situation hat sich grundlegend geändert: In den Lehrplänen aller Bundesländer[2] ist im Lektürekanon der Oberstufe für das Fach Latein Seneca, meist seine *Epistulae morales*, vorgesehen; dies gilt für den Grund- und Leistungskursbereich, für die eher autorenbezogene Lektüre und für die thematisch orientierte Lektüre, sodass Seneca neben Cicero der meistgelesene Autor sein dürfte. Die Beschäftigung mit Seneca ist nicht nur auf den Lateinunterricht beschränkt: Auch im Ethik- und Philosophieunterricht werden Senecas Schriften hinzugezogen, hier jedoch rein themenbezogen.
Wie kommt es zu dieser Renaissance, und warum können die Lateinlehrerinnen und -lehrer feststellen, dass Seneca »ankommt«?
Es lassen sich vielfältige formale und vor allem inhaltliche Gründe anführen[3]: Die sprachlichen Schwierigkeiten der Texte sind trotz des inhaltlichen Anspruchs für den Oberstufenschüler auch im Grundkurs zu bewältigen, die Kürze der Sätze entspricht viel mehr der modernen deutschen Sprachpraxis als z.B. eine Ciceroperiode. Viele Briefe sind überschaubar, sodass in der Regel nicht über mehrere Wochen hinweg ein Brief bearbeitet werden muss. Seneca versteht es, den Leser anzusprechen; er bezieht sich oft selbst ein, wenn er Lucilius Ratschläge gibt, und doziert nicht vom Katheder aus, sondern führt mit seinem Leser einen Dialog; die Briefform eignet sich hierzu in besonderem Maße (vgl. zu ep. 38). Seine Lehre lässt sich in Sentenzen zusammenfassen (vgl. Textausgabe S. 73, Aufgabe 1), die man leicht »mitnehmen« kann, weil diese Sätze durch ihren pointenhaften Stil sich einprägen. Daher wird Seneca auch in Spruchsammlungen häufig zitiert und sogar dem Gestressten als Helfer angeboten[4]. Seneca eignet sich sehr gut als Einstieg in die Philosophie überhaupt; die Überschriften zur Senecalektüre in den Lehrplänen (z. B. »Die Frage nach dem Glück – das »summum bonum« bei Epikur und in der Stoa«; »Der Mensch als zeitliches Wesen«; »Philosophische Texte«; »Versuche der Lebensbewältigung durch Philosophie«) zeigen, dass es Seneca um

1 H. Krefeld, Senecas Briefe an Lucilius im Unterricht, AU Reihe V, Heft 3, 1962, S. 86 – 98; S. 86.

2 einen kurzen Überblick geben G. Reinhart / E. Schirok, Senecas Epistulae morales, Zwei Wege ihrer Vermittlung, Bamberg 1988, S. 3 Anm.1.

3 vgl. z.B. H. – P. Bütler / H. J. Schweizer, Seneca im Unterricht, Heidelberg 1974, S. 5 – 7; G. Reinhart / E. Schirok, S. 3 – 6.

4 G. Fink, Seneca für Gestresste, München 1993. U. Blank-Sangmeister, Seneca-Brevier, Stuttgart 1996.

die Lebenspraxis geht und dass die Antworten, die er auf Grundfragen menschlicher Existenz gibt, von zeitloser Gültigkeit sind.
Seneca provoziert den Leser: er verblüfft ihn durch paradoxe Aussagen und durch überraschende und unerwartete Argumentationen; die Inhalte fordern den Leser oft zum Widerspruch heraus, lassen ihn aber nie gleichgültig. Senecas Ethik wendet sich an das Individuum; vielleicht findet sie gerade deshalb in unserer Gesellschaft, die von der Individualität geprägt ist, großen Anklang. Seneca stellt die Frage nach den eigentlichen Werten, deren Verlust in der modernen Gesellschaft im Osten wie im Westen festgestellt wird; zugleich ist eine Sehnsucht nach verbindlichen Werten spürbar.
Die Schüler lesen dann Seneca, wenn sie sich mit der Frage der Studien- und Berufswahl befassen müssen. Dabei müssen sie Entscheidungen darüber treffen, was ihnen wert und wichtig ist. Die Auseinandersetzung mit Senecas Ethik kann in dieser Phase helfen, solche Fragen zu formulieren und vielleicht auch Antworten zu geben.

2. Zum Lektüreaufbau und zur Themenauswahl

Die Reihenfolge der Briefe kann grundsätzlich bei der Lektüre beibehalten werden; davon abweichend empfiehlt es sich, folgende Briefe voranzustellen:

1. Brief 38 eignet sich besonders für den Einstieg in die Lektüre: Er antwortet auf die Frage, warum Seneca die Briefform wählt, um seine Philosophie zu vermitteln.
2. Die Programmepistel 1 macht deutlich, worum es in den *Epistulae morales* geht.
3. Der Frage »Warum muss man sich mit Philosophie beschäftigen?« widmet sich Epistel 15.

Bei einer thematisch orientierten Textauswahl kann folgende Übersicht helfen:

Themen	**Epistel**
Briefstil und Philosophie	38
Wozu Philosophie?	15
Zeit	1
Hinwendung zum höchsten Gut	23, 41, 74
Ratio und Gottesbegriff	41
Krankheit, Schmerz, Tod und ihre geistige Bewältigung	1, 4, 24, 54
Freiheit im Angesicht des Todes	24, 54
Natur- und vernunftgemäßes Leben	41
Einfluss des Reisens	28

Themen	Epistel
Abhängigkeit von Materiellem	1, 4, 15, 41, 74
Abhängigkeit von Fortuna	74
Abhängigkeit vom Körperkult, Sportkritik	15
Wahre Freude in Abgrenzung gegen Genusssucht	23
Negativer Einfluss der Volksmenge	7

3. Zur Textausgabe und zum Lehrerkommentar[5]

3. 1. Vokabulare zu den einzelnen Briefen und Lernwortschatz

In den Vokabularen der Briefe sind alle Vokabeln, die nicht zum »Grundwortschatz« (nach Sachgruppen, Klett) oder zum Lehrbuchvokabular der Ianua Nova Neubearbeitung (Vandenhoeck & Ruprecht) gehören, angegeben. Mit Hilfe des *Lernwortschatzes* können die Schüler einen speziellen Senecawortschatz erlernen. Das Vokabular ist nach philosophischen und anderen häufiger vorkommenden Begriffen gegliedert. So stehen über jedem Vokabular bei den einzelnen Briefen die Vokabeln aus dem Lernwortschatz, die für den betreffenden Brief wichtig sind. Bei Wörtern, die sich mit Hilfe von Suffixen leicht ableiten lassen, wird auf die zusammenfassenden Arbeitsaufträge (S. 73–74, Nr. 6 a–f) verwiesen. Seneca verwendet häufig substantivierte Adjektive und Partizipien im Neutrum Singular oder Plural, deren Übersetzung erfahrungsgemäß Schwierigkeiten bereitet. Die Aufgabe 6 a bietet hierzu reichlich Übungsmaterial, in den Vokabularen wird jeweils darauf verwiesen.

Den Briefen ist im Lehrerkommentar eine *Gliederung* vorangestellt, die einen schnellen Überblick über den Inhalt und die – bei Seneca besonders wichtigen – gedanklichen Zusammenhänge ermöglicht. In den Interpretationen und methodischen Vorschlägen werden alle Fragen aus den *Arbeitsaufträgen* der Textausgabe beantwortet und Anregungen zu Themen, die sich für Referate oder Facharbeiten eignen, gegeben. Die *Tafelbilder und Aufstellungen* zu den Briefen enthalten die semantisch relevanten Aspekte der Briefe. Bei kurzen Briefen (*ep.* 1, 38, 54) können sie ganz übernommen werden, bei längeren Briefen, die eine Bearbeitung über viele Stunden hinweg erfordern, jeweils in Teilen. Am Ende eines solchen langen Briefes kann z.B. mit einer Folie nochmals der Inhalt und die Komposition des gesamten Briefes aufgezeigt werden.

5 Für Idee und Grundlagen zum Philosophischen Wortschatz sei Dirk Candidus herzlich gedankt. Die übergreifenden Arbeitsaufträge, die Arbeitsaufträge zu den Bildern (Arbeitsaufträge 13 zu Epistel 24 und Arbeitsaufträge 7 zu Epistel 54) sowie ein Kursarbeitsvorschlag entstanden auf Anregung von H.-J. Glücklich.

3. 2. Übergreifende Arbeitsaufträge

Zur Grammatikarbeit während der Lektüre werden neben den Aufgaben zur Wortbildung (S. 73–74, Nr. 6) auch Übungen zum Gebrauch des Konjunktivs und zu Gliedsätzen angeboten (S. 74–76, Nr. 7–10). Die Sätze sind den Briefen der Textsammlung entnommen.
Um die Einzelinterpretationen zu einem Ganzen zusammenzufügen, sollen die übergreifenden Arbeitsaufträge zur Interpretation (S. 73, Nr. 1–5) hinzugezogen werden. Dabei ist wichtig, dass sie begleitend zur Lektüre eingesetzt werden, denn am Ende der Lektüre wird kaum ein Schüler in der Lage sein, alle Briefe inhaltlich und stilistisch zu überblicken. Diese Aufgaben eignen sich aber auch sehr gut für Referate und Facharbeiten; so können einzelne Schüler zu Beginn der Lektüre mit jeweils einer Aufgabe betraut werden.

4. Vorschläge für Kursarbeiten

4. 1. Seneca, epistulae morales 60: Kursarbeit für Leistungskurs oder Grundkurs (§§ 1–3):

Es lebt nur der, der vielen nützt, es lebt nur der, der Nutzen aus sich selbst zieht

Seneca Lucilio suo salutem

(1) Queror, litigo, irascor!
Etiamnunc optas, quod tibi optavit nutrix tua aut paedagogus aut mater? Nondum intellegis, quantum mali optaverint?
O, quam inimica nobis sunt vota nostrorum – eo quidem inimiciora, quo cessere felicius!
Iam non admiror, si omnia nos a prima pueritia mala sequuntur: Inter exsecrationes parentium crevimus.
Exaudiant di quandoque nostram pro nobis vocem gratuitam!

(2) Quousque poscemus aliquid deos, quasi ita nondum ipsi alere nos possimus.
Quamdiu sationibus implebimus magnarum urbium campos? Quamdiu nobis populus metet?
Quamdiu unius mensae instrumentum multa navigia et quidem non ex uno mari subvehent?
Taurus paucissimorum iugerum pascuo impletur;
una silva elephantis pluribus sufficit:
homo et terra et mari pascitur.

(3) Quid ergo? **Tam** insatiabilem nobis natura alvum dedit – cum tam modica corpora dedisset –, **ut** vastissimorum edacissimorumque animalium aviditatem vinceremus?
Minime! Quantulum est enim, quod naturae datur!
Parvo illa dimittitur. Non fames nobis ventris nostri magno constat, sed ambitio.

(4) Hos itaque, ut ait Sallustius, »ventri oboedientes« animalium loco numeremus, non hominum – quosdam vero ne animalium quidem, sed mortuorum. Vivit is, qui multis usui est, vivit is, qui se utitur. Qui vero latitant et torpent, sic in domo sunt, quomodo in conditivo. Horum licet in limine ipso nomen marmori inscribas: Mortem suam antecesserunt.
Vale!

Anzahl der Wörter:

§ 1: 32 (queror ... felicius) + 23 (iam ... gratuitam)
§ 2: 34 (quousque ... subvehent) + 16 (taurus ... pascitur)
§ 3: 20 (quid ... vinceremus) + 19 (minime ... ambitio)
§ 4: 19 (hos ... mortuorum) + 34 (vivit ... antecesserunt)

Insgesamt 197 Wörter

§ 1: 55 Wörter
§ 2, erster Satz: 11 Wörter
§ 3 (tam ... ambitio): 37 Wörter

Anzahl der Wörter dieser Texabschnitte: 103

Vokabeln und Angaben

(1) querī: sich beklagen, klagen
lītigāre: zanken, hadern; gerichtlich: prozessieren
īrāscī: zornig werden oder zornig sein *(in der stoischen Philosophie wird dabei immer mitverstanden: mit Grund und mit Zustimmung des Verstandes)*
etiamnunc: auch jetzt noch
nūtrīx, īcis *f.*: Amme *(die die Kinder besser gestellter Eltern mit ihrer Milch nährt)*
paedagōgus: Pädagoge, »Knabenführer«, *ein Sklave, der die Söhne der besser Gestellten in die Schule begleitete, dort wieder abholte und auch zu Hause beaufsichtigte.*
nōndum: (immer) noch nicht
quantum malī: *(Gen. partitivus):* wieviel Übles, Schlechtes
inimīcus: feindlich
vōtum: *(an die Götter gerichtetes)* Gelübde, Wunsch
eō ... quō: um soviel ... um wieviel = desto ..., je ...
quidem: jedenfalls
cessēre = cessērunt *(von cedere, hier: ausgehen, in Erfüllung gehen)*
admīrārī: sich wundern
omnia: zu mala
puerītia: Kindheit
exsecrātiō, ōnis *f.*: *(an die Götter gerichtete)* Verwünschung *(anderer Menschen)*
parentum: *Gen. subiectivus!*
crēscere, crēvī, crētum: (auf)wachsen
exaudīre: erhören
quandoque: irgendwann einmal
grātuītus: uneigennützig; nichts kostend
(2) quōūsque: wie lange
pōscere aliquid aliquem: von jdm. etw. verlangen, fordern
quasī itā: gerade so, als ob
Wie lange werden wir noch mit Saaten ausfüllen die Flächen großer Städte? Wie lange wird

für uns ein ganzes Volk das Korn ernten? Wie lange werden die Ausstattung einer einzigen Mahlzeit viele Schiffe und zwar nicht nur aus einem einzigen Meer heranfahren?
Ein Stier wird mit dem Gras ganz weniger Joche gefüllt. Ein einziger Wald genügt für recht viele Elefanten. Nur der Mensch weidet sowohl das Land als auch das Meer ab.
(3) Was also (Was folgt daraus)?
īnsatiābilis: unersättlich
alvus, ī *f.*: Bauch, Leib
modicus: maßvoll, angemessen, *hier:* ziemlich klein
vāstus: ungeheuer groß
edāx, ācis: gefräßig
avīditās, ātis *f.*: Begierde, Fresslust
minimē: keineswegs
quantulum: wie klein
dīmittere: wegschicken, befriedigen
famēs, is *f.*: Hunger
venter, ventris *m.*: Bauch
māgnō *(Abl. petii)* **cōnstāre**: viel kosten, teuer zu stehen kommen
(4) Wir wollen daher diese – so nennt sie Sallust – »dem Bauch Gehorchenden« unter die Tiere zählen, nicht unter die Menschen, manche auch schon nicht mehr unter die Tiere, sondern unter die Toten. Es lebt nur der, der vielen Nutzen bringt, es lebt nur der, der aus sich selber Nutzen zieht. Die sich aber im Verborgenen aufhalten und geistig gelähmt sind, die halten sich im Haus so auf wie im Grab (wie im Einmachglas). Direkt auf ihrer Schwelle kannst du ihren Namen auf Marmor schreiben: Sie sind ihrem Tod zuvorgekommen.

Arbeitsaufträge

1. Seneca kritisiert den Einfluss von Eltern und anderen.
   a) Worin besteht er?
   b) Wie interpretiert Seneca die Wünsche der Eltern und anderer
      – durch Veränderung der Ausdrücke für »Wunsch«,
      – durch verschiedene Angaben zum Inhalt der Wünsche,
      – durch Wiederholungsfiguren (–> St)?
   c) Welche Rolle spielen beim Einfluss der Eltern und anderer die Götter?

2. a) Was soll § 2 beweisen?
   b) Geben Sie diesem Paragraphen eine lateinische Überschrift (ein bis zwei Wörter, vgl. dazu § 3).
   c) Welche Wortwiederholungsfigur (–> St) gliedert den ersten Teil des Paragraphen?
   d) Welche Aufgabe haben die Beispiele von Stier und Elefant?

3. a) Welche menschlichen Triebe konfrontiert Seneca in § 3 mit der wahren Natur des Menschen?
   b) In welcher Verbindung stehen die dort genannten Triebe mit den in § 1 genannten prägenden Wünschen der Eltern und anderen?

4. a) Welche gegensätzlichen guten und schlechten Menschentypen werden in § 4 einander gegenübergestellt?
   b) In welchem Verhältnis stehen die dort genannten guten und schlechten Menschentypen zu den in § 1 genannten Wünschen?
   c) Inwiefern konnte Seneca diese Wünsche als *exsecrationes* bezeichnen (§ 1)?

5. Zeigen Sie im Text:
   a) Überraschungen,
   b) Umdeutungen von Begriffen,

c) Sentenzen (Slogans)
und erläutern Sie ihre Wirkung im Text.

6. Erläutern Sie durch Vergleich mit anderen Briefen Senecas:
a) Was bedeutet es, anderen zu nützen?
b) Was meint »Nutzen aus sich selbst ziehen« *(se uti)*?
c) Inwiefern bedeutet es zu leben, wenn man entweder anderen nützt oder Nutzen aus sich selbst zieht?

Erwartungshorizont zur Kursarbeit Epistel 60

1. a) Sie wünschen für die Kinder das ihnen richtig Scheinende und projizieren ihre Wünsche auf die Kinder.
b) – Veränderung der Ausdrücke für Wünsche: *optas – optavit – optaverint – vota – exsecrationes*: das neutrale *optare* wandelt sich zu den negativen Ausdrükken *vota* und *exsecrationes* (Flüche);
– *optas* und *optavit* haben noch kein wertendes Attribut oder Objekt bei sich, während *optaverint* durch *quantum mali*, *vota* durch *inimica* bzw. *inimiciora* näher bestimmt werden und die Folge der *exsecrationes* mit *omnia mala* angegeben wird, eine Steigerung zum Negativen; die Kinder werden abhängig von den Göttern und durch die *ambitio* fremdbestimmt.
– Polyptoton: *optas, optavit, optaverint*; *inimica, inimiciora*: die Wünsche wirken sich immer negativer aus.
c) Die Wünsche sind an die Götter gerichtet als verantwortliche Instanz (§ 1); verantwortliche Instanz sind aber wir (§ 2)! Die Götter sollten nur hören.

2. a) § 2 beweist, wie negativ sich die Wünsche, die sich auf Erfolg, Reichtum usw. beziehen, auswirken: Sie machen den Menschen unersättlich.
b) *homo insatiabilis.*
c) Anapher *(quamdiu ... quamdiu ... quamdiu)*; betont die Dauer.
d) Stier und Elefant haben von Natur aus einen großen Nahrungsbedarf; sie begnügen sich aber mit sehr wenig im Vergleich zum Menschen, der Land und Meere »abgrast«. Die Beispiele stellen die Unersättlichkeit des Menschen heraus.

3. a) *aviditas* und *ambitio*: die Gier, immer mehr haben zu wollen, und der Ehrgeiz.
(b) Die Wünsche der Eltern und anderer (reich und mächtig zu werden) stacheln geradezu diese Triebe an. Sie haben Geld- und Machtgier geweckt.

4. a) – Schlechte Menschentypen: Die »dem Bauch Gehorchenden« *(ventri oboedientes)* und die, die sich im Verborgenen aufhalten, geistig gelähmt sind *(qui vero latitant et torpent)* und so ihrem Tod zuvorgekommen sind *(mortem antecesserunt)*;
– Gute Menschentypen: Der Mensch, der vielen Nutzen bringt *(qui multis usui est)*, aus sich selbst Nutzen zieht *(qui se utitur)* und so lebt *(vivit)*.
b) Bei den in § 1 angedeuteten Wünschen geht es nur darum, selbst Erfolg

und Reichtum zu haben, andere Menschen spielen dabei keine Rolle. Die Wünsche beziehen sich auch nicht auf eine persönliche geistige und sittliche Entwicklung, es geht allein um Materielles und Macht. Der gute Menschentyp steht zu den Wünschen in § 1 im Gegensatz; denn Geld und Machtgier sind gegen die eigene Natur.
c) Solche Wünsche führen zu einem unsteten und damit unglücklichen Leben. Wer der Gier nach Reichtum *(aviditas)* und Macht *(ambitio)* erliegt, kann nicht glücklich leben. Die Eltern haben ihre Kinder schlecht gemacht, ihre Wünsche sind Flüche.

5. z.B.: a) Überraschungen: § 1 *inimica ... eo quidem inimiciora, quo cessere felicius:* Je besser die Wünsche erfüllt werden, desto schlechter für den Menschen; Seneca spielt mit dem Wort *felix*; »glücklich« nur im Sinne derer, die die Wünsche ausgesprochen haben (s. auch zu b);
Inter exsecrationes parentium crevimus: Dass Eltern Verwünschungen für ihre Kinder aussprechen, überrascht. Die (gut gemeinten) Wünsche der Eltern erweisen sich als unheilvoll.
§ 3 *Non fames nobis ventris nostri magno constat, sed ambitio:* Es verblüfft die Aussage, dass Ehrgeiz viel kostet. Der Hunger ist schnell gestillt, kostet also nicht viel, der Ehrgeiz treibt aber den Menschen immer zu neuen Begierden, ist daher teuer.
b) *vivit* (§ 4): meint nicht das physische Leben, sondern das »wahrhafte Leben«, das auf einer sittlich guten Lebensführung beruht; ebenso meint *mortem* (§ 4) den geistigen Tod.
felicius (§ 1): siehe zu (a)!
c) *Non fames nobis ventris nostri magno constat, sed ambitio* (§ 3); *Vivit is, qui multis usui est, vivit is, qui se utitur* (§ 4). Die Sentenzen fassen die zentralen Aussagen des Briefes zusammen: Der Wunsch nach Macht kommt den Menschen teuer zu stehen, wahres Leben besteht darin, anderen zu nützen und sich auf dem Weg zur sittlichen Vollkommenheit weiterzubringen. Seneca kritisiert in diesem Text, dass Wünsche den Menschen von ihren Angehörigen und anderen auf den Weg gegeben werden, die ihnen, wenn sie erfüllt werden, schwer schaden. Die Überraschungen, Umdeutungen und Sentenzen (oft zugleich in einem Satz) dienen als Mittel, um vor Augen zu führen, wie schädlich gerade die allgemein anerkannten Lebenswünsche sind.

6. a) Seneca schrieb die Briefe an Lucilius, um im Gespräch mit ihm bzw. einem größeren Publikum Wege zu einem Leben in sittlicher Vollkommenheit zu finden. Anderen nützen zu wollen, bedeutet, ihnen diese Wege aufzuzeigen bzw. darzulegen, was sie von dem Ziel der *virtus* und des *honestum* abhält. So muss z.B. den Menschen die Furcht, vor allem die Furcht vor dem Tod genommen werden. Sie müssen lernen, dass das Sterben ein langer Vorgang ist, der mit der Geburt beginnt; nur so gelingt es ihnen, bewusst zu leben.
b) *se uti*: Wer Nutzen aus sich selbst ziehen will, muss sich zunächst Rechenschaft über sich ablegen: Bestimmt er über sich selbst oder bestimmen andere Dinge wie z.B. Reichtum, Macht, Affekte über ihn? Ist er Herr über seine

eigene Zeit? Nur ein selbstbestimmtes Leben kann auch ein glückliches Leben sein. Indem der Mensch seine *ratio* gebraucht, kann er dieses Ziel erreichen. *se uti* bedeutet, die eigenen geistigen Anlagen zu gebrauchen, also zu philosophieren.

c) Derjenige lebt, der *non aliud agit* und so selbstverschuldeten Zeitverlust vermeidet. Wenn ein Mensch durch äußere Umstände nicht mehr sittlich gut leben kann, so ist ihm die Selbsttötung nach stoischer Lehre gestattet, das bedeutet: Leben wird gleichgesetzt mit einem sittlich guten Leben, sich mit Hilfe der *ratio* freizumachen von allen Affekten und Begierden und so zu einer wahren Lebensfreude zu gelangen. Dabei darf der Mensch sich nicht in ein selbst geschaffenes Paradies zurückziehen, sondern es ist auch sittlich geboten, anderen auf dem Weg zu demselben Ziel zu helfen. Die Episteln entsprechen durch ihren dialogischen Charakter auch formal dieser Forderung.

4. 2. Übersetzung (Seneca, epistulae morales 5, 1 – 4; leicht gekürzt)

Quod pertinaciter studes et omnibus omissis hoc unum agis, ut te meliorem cotidie facias, et probo et gaudeo; nec tantum hortor, ut perseveres, sed etiam rogo. Illud autem te admoneo, ne eorum more, qui non proficere, sed conspici cupiunt, facias aliqua, quae in habitu tuo aut genere vitae notabilia sint. Asperum cultum et intonsum caput et neglegentiorem barbam et ... cubile humi positum et, quidquid aliud ambitionem perversā viā sequitur, evita! Satis ipsum nomen philosophiae, etiam si modeste tractetur, invidiosum est: Quid, si nos hominum consuetudini coeperimus excerpere? Intus omnia dissimilia sint, frons populo nostra conveniat ... Id agamus, ut meliorem vitam sequamur quam vulgus, non ut contrariam: alioquin, quos emendari volumus, fugamus a nobis et avertimus; illud quoque efficimus, ut nihil imitari velint nostri, dum timent, ne imitanda sint omnia. Hoc primum philosophia promittit: sensum communem, humanitatem et congregationem; a qua professione dissimilitudo nos separabit. Videamus, ne ista, per quae admirationem parare volumus, ridicula et odiosa sint. Nempe propositum nostrum est secundum naturam vivere; hoc contra naturam est: torquere corpus suum et faciles odisse munditias et squalorem adpetere et cibis non tantum vilibus uti, sed taetris et horridis.

Gesamttext: 187 Wörter

bis Zeile	9	(conveniat): 95 Wörter
bis Zeile	11	(avertimus): 115 Wörter
bis Zeile	12	(omnia): 129 Wörter
bis Zeile	14	(separabit): 144 Wörter
bis Zeile	15	(sint): 156 Wörter

4. 3. Interpretationsaufgabe mit beigegebener Übersetzung (Seneca, epistulae morales 62):

Seneca Lucilio suo salutem

(1) Mentiuntur, qui sibi obstare ad studia liberalia turbam negotiorum videri volunt: simulant occupationes et augent et ipsi se occupant. Vaco, Lucili, vaco, et ubicumque sum, ibi meus sum. Rebus enim me non trado, sed commodo, nec consector perdendi temporis causas; et quocumque constiti loco, ibi cogitationes meas tracto et aliquid in animo salutare converso.
(2) Cum me amicis dedi, non tamen mihi abduco nec cum illis moror, quibus me tempus aliquod congregavit aut causa ex officio nata civili, sed cum optimo quoque sum; ad illos, in quocumque loco, in quocumque saeculo fuerunt, animum meum mitto.
(3) Demetrium, virorum optimum, mecum circumfero et relictis conchyliatis cum illo seminudo loquor, illum admiror. Quidni admirer? Vidi nihil ei deesse. Contemnere aliquis omnia potest, omnia habere nemo potest: brevissima ad divitias per contemptum divitiarum via est. Demetrius autem noster sic vivit, non tamquam contempserit omnia, sed tamquam aliis habenda permiserit.
Vale!

Zu Zeile 1: **studia liberalia: eigtl.**: die Studien, denen sich ein frei geborener Mann widmen soll *(Seneca meint hier vor allem die Philosophie)*
Zu Zeile 10: **Demetrius**: *Philosoph der kynischen Schule im ersten Jhd. nach Christus (als Gründer gilt Diogenes).*

Übersetzung

Seneca grüßt seinen Lucilius

(1) Es lügen diejenigen, die den Anschein erwecken wollen, die Vielzahl ihrer Verpflichtungen hindere sie am wissenschaftlichen Studium: Sie täuschen Beschäftigung vor, übertreiben und beschäftigen sich selbst. Frei bin ich, Lucilius, frei, und überall, wo ich bin, da gehöre ich mir. Ich liefere mich nämlich nicht den Dingen aus, sondern passe sie mir an, und nicht laufe ich Gründen nach, Zeit zu vergeuden. Und überall da, wo ich angehalten habe, gehe ich meinen Gedanken nach und überlege bei mir etwas Nützliches.
(2) Wenn ich mich Freunden widme, vereinnahme ich sie dennoch nicht für mich und halte mich nicht bei denen auf, mit denen mich irgendein Umstand zusammengebracht hat oder ein Anlass, der sich aus einer politischen Verpflichtung ergibt, sondern ich bin gerade mit den besten zusammen; jenen, wo und in welchem Jahrhundert sie auch gelebt haben, widme ich mich.
(3) Demetrius, den besten unter den Menschen, trage ich mit mir herum, gehe an denen, die in Purpur gekleidet sind, vorbei und unterhalte mich mit jenem Halbnackten, jenen bewundere ich. Warum sollte ich ihn auch nicht bewundern? Gesehen habe ich, dass ihm nichts fehlt. Verachten kann einer alles, alles haben

kann hingegen keiner: am kürzesten ist der Weg zum Reichtum über die Verachtung des Reichtums. Unser Demetrius aber lebt so, nicht als ob er alles verachtet habe, sondern als ob er es anderen zum Besitz überlassen habe.
Leb wohl!

Fragen

1. Fassen Sie die Aussage der drei Abschnitte jeweils thesenartig zusammen und zeigen Sie die gedankliche Entwicklung in diesem Brief auf! **6 P**
2. Nennen Sie aus Abschnitt (1) und (2) jeweils ein Stilmittel (mit lateinischem Beleg) und erläutern Sie seine Funktion für den Inhalt! **4 P**

3.1. Zitieren Sie aus dem lateinischen Text die Ausdrücke, die die Beschäftigungen bezeichnen, (a) für die man keine Zeit vergeuden soll und (b) denen man sich ganz widmen soll! **4 P**

3.2. Verdeutlichen Sie die Aussage des Satzes *Dum differtur vita, transcurrit* (ep. 1, 2) durch die Forderungen dieses Briefes! **3 P**

4. *brevissima ad divitias per contemptum divitiarum via est* (3):

4.1. Erklären Sie die Aussage des Satzes! **2 P**

4.2. Durch welche stilistischen Mittel wird sie unterstrichen? **2 P**

5. Beurteilen Sie, ob Seneca den in diesem Brief erhobenen Forderungen in seinem Leben nachgekommen ist! **3 P**
6. Vergleichen Sie die Aussagen des Briefes mit Epikurs Lehren! **4 P**
7. »Der Stoiker ist Kosmopolit (Weltbürger)«: Belegen Sie diesen Satz mit vorliegendem Brief (zitieren Sie die wichtigen lateinischen Begriffe)! **2 P**

30 P

Erwartungshorizont zu Epistel 62

1. – Die Angabe, keine Zeit zu haben für die Philosophie, ist Selbstbetrug; Seneca dagegen gehört sich überall selbst;
   – nur den besten Freunden soll man seine Zeit widmen; diese können auch Bücher sein;
   – Demetrius ist einer von ihnen, Senecas Vorbild.

   Der als Selbstbetrug kritisierten Einstellung vieler Menschen, keine Zeit für die Philosophie zu haben, stellt Seneca seinen Grundsatz entgegen (Antithese), dass er nicht den Dingen dient, sondern die Dinge ihm; so ist er stets Herr über die Zeit, die er für seine philosophischen Überlegungen nutzt. Dieser Grundsatz gilt auch für den Umgang mit Freunden (2): auch hier lässt sich Seneca nicht bestimmen, sondern bestimmt selbst: Nur den besten Menschen oder deren Gedanken widmet er sich, z.B. Demetrius (3): Er ist ein Beispiel für Unabhängigkeit von allem Äußeren; dies ist wahrer Reichtum.

   Das Thema »Beschäftigung« wird verengt und gleichzeitig vertieft: Einstellung der Masse <–> eigene Einstellung, Verengung auf den Gedanken »Beschäftigung mit Freunden«, Vertiefung und gleichzeitig Verengung auf die besten Freunde, speziell: Demetrius.

2. z.B.:
(1): *vaco, Lucili, vaco*: Durch die Wiederaufnahme *vaco* hebt Seneca seine eigene Einstellung im Gegensatz zu der oben kritisierten hervor.
(2) *in quocumque loco, in quocumque saeculo*: Die Anapher betont, dass es bei den Freunden nicht auf den Ort, ja nicht einmal auf die Zeit ankommt. Die Aussage, dass man mit Freunden früherer Jahrhunderte auch zusammensein kann, verblüfft den Leser.

3.1. a) *turba negotiorum; occupationes; rebus; illis (amicis), quibus me tempus aliquod congregavit aut causa ex officio nata civili; divitiae.*
b) *studia liberalia; meus; cogitationes meas; aliquid salutare; cum optimo quoque; Demetrius; contemptus divitiarum.*

3.2. Wer sich etwas vorlügt, indem er Beschäftigungen vorgibt und sich selbst einredet, verschiebt das eigentliche Leben, weil er angeblich dafür jetzt keine Zeit hat. Seneca hat Zeit (*vaco*) für die Dinge, die wahrhaft wichtig sind, er lebt wirklich.

4.1. Die Verachtung des Reichtums führt zu einem wirklich reichen Leben, d.h. einem Leben in sittlicher Vollkommenheit.

4.2. Paradoxie: *ad divitias per contemptum divitiarum*; Hyperbaton *brevissima ... via.*

5. Durch den Rückzug aus der Politik im Jahre 62 hat er gezeigt, dass er über seine Zeit und die Art seiner Beschäftigungen selbst verfügt hat. Ob er sich selbst von seinem immensen Reichtum innerlich frei machen konnte, ist für uns heute schwer zu beurteilen. Nach Tacitus bot er jedoch die Rückgabe der Güter an Nero an.

6.
- Entscheidend ist bei Seneca und Epikur die Konzentration auf das wahrhaft Wichtige, die philosophische Lebensführung;
- Leben mit Freunden: Für Epikur überaus wichtig, für Seneca müssen die Freunde nicht selbst anwesend sein, ihre Gedanken genügen;
- Leben in der Öffentlichkeit: Von Epikur grundsätzlich abgelehnt, von Seneca befürwortet, aber so, dass der Philosoph Herr seiner Zeit bleibt;
- Einstellung zum Reichtum: bei Seneca und Epikur identisch.

7. *ubicumque sum, ibi meus sum; quocumque loco constiti, ibi ..., in quocumque loco: ubi***cumque**, *quo***cumque**, *quo***cumque***:* Für Seneca kommt es nicht darauf an, wo er lebt, sondern dass er sich bemüht, sittlich gut zu leben.

Interpretationen

Epistel 1

Gliederung

1. Abschnitt: *Ita fac* (§ 1) – *ut scribo* (§ 1): Aufforderung zur Selbstbestimmung durch bewussten Umgang mit der Zeit.
2. Abschnitt: *quaedam tempora* (§ 1) – *aliud agentibus* (§ 1): Analyse der Gründe für den Zeitverlust.
3. Abschnitt: *Quem mihi dabis* (§ 2) – *mors tenet* (§ 2): Beleg für den nachlässigen Umgang mit der Zeit: Verdrängung des Todes.
4. Abschnitt: *Fac ergo* (§ 2) – *transcurrit* (§ 2): Aufforderung, den heutigen Tag zu nutzen.
5. Abschnitt: *Omnia, Lucili, aliena sunt* (§ 3) – *potest reddere* (§ 3): Widersprüchlichkeit im menschlichen Verhalten gegenüber materiellem Besitz und Zeitbesitz.
6. Abschnitt: *Interrogabis fortasse* (§ 4) – *nemo succurrit* (§ 4): Senecas persönliche Zeitbilanz.
7. Abschnitt: *Quid ergo est?* (§ 5) – *Vale* (§ 5): Aufforderung zur Selbstbestimmung durch sparsamen Umgang mit der Zeit.

Interpretation und methodische Vorschläge

Ita fac, mi Lucili: Brief 1 beginnt mit der aufmunternden Bestätigung, dass der Adressat sich auf dem richtigen Weg befindet. Die Sätze *ut scribo* (§ 1) und *quod facere te scribis* (§ 2) erweisen Brief 1 als Antwortbrief auf ein Schreiben des Lucilius, in dem dieser das Thema »Zeit« angesprochen hatte. Der Beginn der Briefreihe ist auch in seiner Form programmatisch: Seneca wendet sich dem Leser zu, indem er dessen Tun bestätigt; er will kein Schulmeister sein, sondern den Leser bei seiner Lebensgestaltung unterstützen (G. Reinhart / E. Schirok, S.102).
Paränesen, Abschnitte mit beschreibendem Charakter, Sentenzen, die einen Gedanken abschließen und Partien, in denen Seneca seine eigene Person einbezieht, wechseln sich in diesem Brief ab. Die Äußerung persönlicher Erfahrungen Senecas gehört zu dem freundschaftlichen Gesprächston des Briefes.
Durch formale Beobachtungen (Modi, Satzarten, Personen) lässt sich der Brief gliedern:

1. *Ita fac* (§ 1) – *scribo* (§ 1): Paränese: Imperative, Anrede *(fac, mi Lucili, collige et serva, persuade).*
2. *quaedam* (§ 1) – *aliud agentibus* (§ 1): Beschreibender Abschnitt (überwiegend Verbformen in der dritten Person).

3. *Quem mihi dabis* (§ 2) – *mors tenet* (§ 2): zunächst aufrüttelnd (rhetorische Frage *quem ... dabis*), dann beschreibend unter Einbeziehung des Verfassers (erste Person Plural: *fallimur, prospicimus*; dritte Person: *praeterit, tenet*).
4. *Fac ergo* (§ 2) – *transcurrit* (§ 2): Ermunterung, die aus der vorausgehenden Argumentation Folgerungen zieht *(fac ergo)*, Abschluss durch eine Sentenz *(dum differtur vita, transcurrit)*.
5. *Omnia, Lucili* (§ 3) – *potest reddere* (§ 3): Beschreibender Abschnitt (nur Verbformen in der dritten Person).
6. *Interrogabis* (§ 4) – *succurrit* (§ 4): Fingierte Zwischenfrage und deren Beantwortung aus persönlicher Sicht (*interrogabis*, zahlreiche Verbformen in der ersten Person).
7. *Quid ergo est* (§ 5) – *Vale* (§ 5): Wechsel von der persönlichen Darstellung *(puto)* zur Aufforderung *(serves)*, Abschluss durch einen Sinnspruch und dessen Auslegung.

Nach der Aufforderung zur Selbstbestimmung *(vindica te tibi)* mahnt Seneca Lucilius, die Zeit zu sammeln und zu bewahren *(collige et serva)*. Diese Mahnung umrahmt die drei Formen des Zeitverlustes *auferebatur, subripiebatur, excidebat* und verdeutlicht so, dass es gilt, die Zeit zusammenzuhalten. Lucilius soll die Analyse der Möglichkeiten, wie Zeit verloren geht, nachvollziehen *(persuade tibi hoc sic esse, ut scribo)*. Variierend in der Wortwahl und mit parallelem Aufbau der Sätze wiederholt Seneca die drei Möglichkeiten (Stilmittel: Trikolon, Asyndeton und Anapher): Zeit wird weggenommen bzw. entrissen *(auferebatur, eripiuntur)*, Zeit wird heimlich gestohlen *(subripiebatur, subducuntur)* und Zeit verrinnt ohne fremde Einwirkung (aktive Formen *excidebat, effluunt*). Auf den ersten Blick hat man den Eindruck, es liege eine Antiklimax vor; denn zunächst scheint es am schwerwiegendsten, wenn die Zeit entrissen wird. Tatsächlich handelt es sich aber um eine Klimax; dies wird deutlich an der Wertung *turpissima ... est iactura*, die sich auf *excidebat* bzw. *effluunt* bezieht: Am schlimmsten ist der Zeitverlust durch Gleichgültigkeit *(neglegentia)*, die sich wiederum in drei Varianten äußert und die von jedem selbst zu verantworten ist: Man handelt moralisch schlecht, tut nichts, oder man tut anderes, als man eigentlich sollte (wenn man nach philosophischen Grundsätzen leben wollte). Wiederum liegt ein Trikolon mit einer Klimax vor: Der Umfang, der jeweils für die falsche Verwendung der Zeit in Anspruch genommen wird, steigert sich von *magna pars vitae* über *maxima (pars)* bis zu *tota vita*. Am Ende der Reihe steht die Gleichgültigkeit, die darin besteht, dass man anderes *(aliud)* tut. Der Leser wird die beiden ersten Möglichkeiten *male agere, nihil agere* zustimmend zur Kenntnis nehmen, durch den Ausdruck *aliud agere* wird er zum Nachdenken gezwungen. Was bedeutet *aliud agere* oder, umgekehrt gefragt, was ist das, was der Mensch eigentlich tun sollte?
Diese Frage nach einer philosophischen Lebensführung werden die folgenden Briefe beantworten. Brief 1 hat man als »Programmepistel« (J. Blänsdorf / E. Breckel, S. 24) bezeichnet; hier werden Themen angesprochen, die in den weiteren Briefen entfaltet werden (vgl. auch Textausgabe, Arbeitsaufträge 7, S. 43).
Als Ursache für die *neglegentia* nennt Seneca wiederum drei Gesichtspunkte, er-

neut asyndetisch aneinandergereiht und anaphorisch eingeleitet: *Quem mihi dabis, qui aliquod pretium tempori ponat, qui diem aestimet, qui intellegat se cotidie mori?* (§ 2). Parallel ist ebenfalls die Gewichtung der drei Kola: Der Satz beginnt mit der allgemeinen Frage, wer der Zeit irgendeinen Wert beimisst, der Begriff Zeit wird im zweiten Kolon auf den einzelnen Tag verengt; das letzte Kolon verblüfft den Leser und leitet zu einem neuen Aspekt in der Argumentation über, dem großen Irrtum der Menschen, dass der Tod erst folgt. Der Tod ist ein langer, täglicher Prozess. Mit diesem Paradoxon schließt Seneca die Argumentation vorläufig ab, die folgende Satzeinleitung greift auf den Anfang zurück (*fac ergo*, § 2). Fassen wir Senecas Technik der verengenden Vertiefung (M. v. Albrecht, S. 142) zusammen (vgl. Tafelbild): Von den drei Möglichkeiten des Zeitverlustes greift er die letzte auf und deutet sie als Achtlosigkeit, die sich wiederum in drei Formen äußert, von denen die letzte den Leser stutzen lässt. Danach werden drei Ursachen für die Achtlosigkeit genannt, wobei erneut die letzte verblüfft; diese wird kurz vertieft.
Fac ergo **(§ 2)** zieht die Folgerungen aus dem bislang Gesagten, indem die Aufforderung des Briefanfangs erneuert wird, die Zeit zusammenzuhalten (*conplectere*, § 2, vgl. *collige et serva*, § 1). Zugleich wird aber auch eine positive Wirkung in Aussicht gestellt *(minus ex crastino pendeas)*, wenn man das Leben nicht verschiebt.
Zur Vertiefung des Gedankens kann das Horazgedicht carmen 1, 11 (vgl. Textausgabe, Begleittext 1, S. 43 f.) hinzugezogen werden. Auch wenn bei Horaz der Genuss des Lebens mehr im Vordergund steht, so ist doch die Aufforderung zu unserem Senecabrief parallel, die Zeit zu nutzen und die Hand auf den heutigen Tag zu legen.
Weil die Menschen ihr Leben immer wieder aufschieben, werden sie am Ende auch stets den Tod als zu früh empfinden. Diesen Gedanken führt Senecas Schrift *de brevitate vitae* (3, 2 – 5; vgl. Textausgabe, Begleittext 2, S. 44) aus: Gerade die wichtigen Dinge werden auf den Ruhestand verschoben: Nur was andere Beschäftigungen an Zeit übrig lassen, bleibt am Ende für das Eigentliche, das Streben nach sittlicher Vollkommenheit, welch eine Dummheit!
Die Sentenz *dum differtur vita, transcurrit* gehört erfahrungsgemäß zu den Sätzen Senecas, die die Schüler am ehesten aus der Lektüre »mitnehmen«. Auch wenn sie unter dem Begriff *vita* nicht unbedingt die philosophische Lebensführung, wie sie Seneca empfiehlt, verstehen, so ist doch der Gehalt des Satzes von besonderer Bedeutung für den Lebensabschnitt, in dem sich die Schüler gewöhnlich befinden, wenn Seneca gelesen wird: Es gilt, nach der langen, viele glauben, zu langen Phase der betreuenden Hand durch Elternhaus und Schule, die Lebensgestaltung selbst in die Hand zu nehmen und sie nicht vor sich her zu schieben.
§ 3 ist ganz der Widersinnigkeit im menschlichen Verhalten gewidmet, das dem Besitz der Zeit keine Bedeutung beimisst; Zeit wird in Empfang genommen, ohne dass eine Verpflichtung daraus entsteht. Ganz anders der Umgang mit allen übrigen Gütern: Sie, die ersetzbar sind, werden in Rechnung gestellt. Seneca selbst ist sich des Verlustes wenigstens bewusst; er weiß, wieviel Zeit er verliert, weshalb und auf welche Weise *(§ 4)*. Es gilt also, sparsam zu sein, vorrangig mit

der Zeit, denn Sparsamkeit kommt zu spät, wenn das Gefäß schon leer ist, also Sparen gar keinen Sinn mehr hat; der letzte Abschnitt verallgemeinert aber auch zugleich den Begriff *tua*, der zuvor auf den Zeitbegriff eingeengt war (*omnia, Lucili, aliena sunt, tempus tantum nostrum est*, § 3) in einer Weise, die am Ende offen bleibt; wiederum also ein Thema, das in den folgenden Briefen noch zu vertiefen sein wird. Dennoch kann aus Brief 1 und *de brevitate vitae* (vgl. Textausgabe, Begleittext 2, S. 44) erschlossen werden, was unter dem Gegensatzpaar *tua – aliena* zu verstehen ist:

tua	**aliena**
Brief 1	
– Zeit	– schlecht handeln; nichts tun; anderes, als man sollte, tun
de brevitate vitae (B 2)	– Zinsgeschäfte, Seitensprünge, politische Tätigkeiten, Ehestreit, Bestrafung der Sklaven, Geschäfte, selbstverschuldete Krankheiten, Nichtstun
– feste Vorsätze, zu sich selbst kommen, Leben ohne Verstellung, Freiheit von Furcht,	– eingebildeter Schmerz, leere Freude, Begierden, oberflächliche Gespräche
– Streben nach einer sittlich vollkommenen Geisteshaltung	**– alles andere (omnia, § 3)**

Die Bestimmung über sich selbst und die eigene Zeit (*vindica te tibi*, § 1) bildet die Voraussetzung dafür, dass man zu einem Leben gelangt, das nach eigenen Plänen verläuft. Ziel dieses Lebens ist die Freiheit von allen Affekten und das ständige Bemühen um die sittliche Vollkommenheit. Alle anderen Dinge sind dem Menschen wesensfremd. Man muss sich bemühen, sich von dem Streben nach ihnen zu befreien.

Die inhaltliche Ausgestaltung der philosophischen Lebensführung bleibt Thema der folgenden Briefe. Brief 1 führt auf diese große Aufgabenstellung zu, indem Seneca auffordert, die Zeit vom *male agere, nihil agere, aliud agere* (§ 1), also dem Wesensfremden (*aliena*, § 3), zu entziehen und dem Wesenseigenen (*nostrum*, § 3; *tua*, § 5) zuzuführen. Wie wenig nötig ist, damit es genügt (§ 5), und wie das wenige beschaffen ist, wird in den folgenden Briefen behandelt werden; dasselbe gilt für das zentrale Problem des menschlichen Lebens: die Auseinandersetzung mit dem Tod (§ 2); diese Frage wird Seneca immer wieder aufgreifen.

Bewusster Umgang mit seinem Leben und seiner Zeit ist eine moralische Forderung. Kästner drückt dies in seinem Satz »Denkt ans fünfte Gebot: Schlagt eure

Tafelbild und Aufstellung zu Epistel 1

§ 1 **Aufforderung** *zur Selbstbestimmung:* — Ita fac: **vindica te tibi**

Weg zum Ziel: — tempus collige et serva

Aufforderung *zur Analyse:* persuade tibi:

iactura *erfolgt durch*:

tempus (tempora):

excidebat/ effluunt (iactura turpissima)

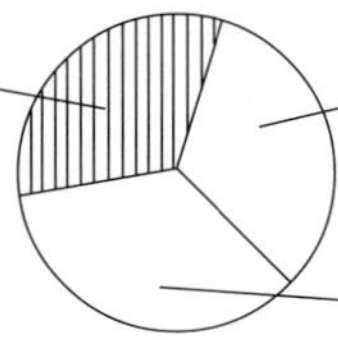

auferebatur/ eripiuntur

subripiebatur/ subducuntur

Ursache: neglegentia

magna pars: male agere
maxima pars: nihil agere
tota vita: aliud agere

§ 2 *Ursache für* neglegentia:
– (non) pretium tempori ponere
– (non) diem aestimare
– (non) intellegere se cotidie mori

magna pars praeterit

ergo:
Aufforderung: fac, omnes horas complectere

wenn ja: minus ex crastino pendeas | *wenn nein:* vita transcurrit

§ 3 **omnia** = aliena ↔ **tempus** = nostrum

omnia = aliena	tempus = nostrum
minima vilissima reparabilia	fugax et lubrica res
inputari sibi patiantur	nemo iudicet se quicquam debere, hoc unum est, quod ne gratus quidem potest reddere

§ 4 *Senecas eigene Situation:* ratio mihi constat inpensae:

dicam:	reddam:
quid, quare, quemadmodum perdam	causas meae paupertatis

quantulumcumque superest, sat est

§ 5 *Lucilius eigene Situation:*

Aufforderung: tu, malo, serves tua, bono tempore incipies

Grund: Sera parsimonia in fundo est

Zeit nicht tot!« aus, indem er das Verbot, die Zeit totzuschlagen, unter die Zehn Gebote einordnet (vgl. Textausgabe, Begleittext 3, S. 45).
Die Selbstvergessenheit, wie sie Jaspers nennt (vgl. Textausgabe, Begleittext 4, S. 45), ist sicherlich ein Hauptproblem des Menschen in der technisierten Welt. Die Arbeitswelt mit immer wiederkehrenden gleichförmigen Tätigkeiten, aber auch das leere Vergnügen der Freizeit sind Ursachen der Selbstvergessenheit. Jaspers betont jedoch, dass dies nicht allein ein Problem der modernen Welt ist: Die Neigung zur Selbstvergessenheit liegt schon im Menschen als solchem. Wie Seneca die Forderung *vindica te tibi* an den Anfang seiner Briefe stellt, definert Jaspers das Philosophieren als »Zurückfinden zu sich«, an dessen Anfang das Erwachen, Erschrecken und Sichfragen steht. Jaspers sieht zwei Wege der philosophischen Lebensführung: die Meditation und Kommunikation. Seneca beschreitet mit dem Brief als Medium einen Weg, der beide Elemente enthält: den der Kommunikation, indem Seneca den Brief an Lucilius richtet und den der Meditation, indem er in den Briefen seine Gedanken entwickelt.

Epistel 4

Gliederung

Teil I (§§ 1–9)

1. Abschnitt: *Persevera, ut coepisti* (§ 1) – *philosophia transscripserit* (§ 2): Aufforderung, das Ziel der vollkommenen Freude an einem vollkommenen Geist zu verfolgen.
2. Abschnitt: *Adhuc enim* (§ 2) – *nos utraque* (§ 2): Die Furcht – Hindernis auf dem Weg zu diesem Ziel.
3. Abschnitt (§ 3 – 9): Hilfen zur Überwindung der größten und drängendsten Furcht, der Todesfurcht:
   a) *Profice modo* (§ 3) – *aut non perveniat aut transeat* (§ 3): Der Tod: ein kurzer, letzter Moment.
   b) *Difficile est* (§ 4) – *nimia formido* (§ 4): Gründe für eine Geringschätzung des Lebens: *virtus* und *formido*.
   c) *Nulli potest* (§ 4) – *pro illa sollicitudinem deponendo* (§ 6): Befreiung vom Lebensverlangen als Weg zum glücklichen Leben.
   d) *Nullum bonum adiuvat* (§ 6) – *adhortare te et indura* (§ 6): Geistige Vorbereitung auf den Verlust des Lebens.
   e) *De Pompei capite* (§ 7) – *nemo non possit* (§ 8): Beispiele für die Allgegenwart des Todes.
   f) *At si forte* (§ 9) – *duceris* (§ 9): Tod beginnt mit der Geburt.
   g) *Haec et eiusmodi* (§ 9) – *inquietas facit* (§ 9): Zusammenfassung: Geistige Überwindung der Todesfurcht als Grundbedingung für ein Leben in Gelassenheit.

Teil II (§§ 10–11)

Reichtum durch Armut: *paupertas* als Voraussetzung für ein Leben in Sorgenfreiheit.

Interpretation und methodische Vorschläge

Brief 4 hat einen stark appellativen Charakter. Dieser Eindruck, der bereits in der ersten Zeile gewonnen wird *(persevera ... propera)*, wird durch Beobachtungen im weiteren Verlauf des Briefes (bis § 9) bestätigt:

- Aufforderungen und Befehle: *profice modo* (§ 3), *hoc cotidie meditare* (§ 5), *fac itaque* (§ 6), *adhortare te et indura* (§ 6), *noli huic tranquillitati confidere* (§ 7), *cogita* (§ 8), *recognosce* (§ 8), *versanda in animo sunt* (§ 9);
- Sentenzen: *nullum malum magnum, quod extremum est. Mors ad te venit: timenda erat, si tecum esse posset: necesse est aut non perveniat aut transeat* (§ 3); *nulli potest secura vita contingere, qui de producenda nimis cogitat, qui inter magna bona multos consules numerat* (§ 4); *plerique inter mortis metum et vitae tormenta miseri fluctuantur et vivere nolunt, mori nesciunt* (§ 5); *nullum bonum adiuvat habentem, nisi ad cuius amissionem praeparatus est animus; nullius autem rei facilior amissio est, quam quae desiderari amissa non potest* (§ 6); *quisquis vitam suam contempsit, tuae dominus est* (§ 8); *ex quo natus es, duceris* (§ 9);
- fingierter Einwand: *»Difficile est«, inquis, »animum perducere ad contemptionem animae«* (§ 4);
- rhetorische Fragen: *Non vides, quam ex frivolis causis contemnatur?* (§ 4); *non putas virtutem hoc effecturam, quod efficit nimia formido?* (§ 4); *quid ad te itaque, quam potens sit, quem times, cum id, propter quod times, nemo non possit?* (§ 8); *quid te ipse decipis et hoc nunc primum, quod olim patiebaris, intellegis?* (§ 9);
- Anrede: Es wird überwiegend die zweite Person Singular bzw. Imperativ Singular verwendet, seltener auch die erste Person Plural (*habemus*, § 2; *volumus*, § 9), ebenso wird das Personalpronomen der zweiten Person oft gebraucht;
- *ita dico* (§§ 8 und 9) unterstreicht nachdrücklich, wie ernst es Seneca mit der folgenden Behauptung ist.

Die Sentenzen und Aufforderungen stehen oft am Anfang bzw. Ende eines Paragraphen. Die Schärfe des fordernden Tones mildert Seneca durch die Einbeziehung der eigenen Person ab (s.o.); außerdem ermutigt er Lucilius, auf dem eingeschlagenen Weg nur fortzufahren (Einleitungssatz, ferner: *profice modo*, § 3).
Der Ermutigung *persevera, ut coepisti* **(§ 1)** folgt sogleich die Ermahnung, sich zu beeilen *(propera)*. Die Betonung liegt auf der zweiten Aufforderung; Seneca unterstreicht diese Aussage durch die chiastische Wortstellung: »Fahre beharrlich fort, wie du begonnen hast und – so sehr du nur kannst – beeile dich!«. Ziel der Bemühungen ist die Möglichkeit zu genießen, die Möglichkeit zur Freude *(frui ... possis)*. Der Gegenstand der Freude *(animo)* wird zum einen eingerahmt von

frui ... possis, zum andern durch die Attribute *emendato, composito*; die Homoioteleuta heben das Thema des Briefes hervor. Der Einleitungssatz des Briefes ist hier nicht eine Briefformel im Plauderton, sondern zwingt den Leser zum Hinschauen.

quidem, das den folgenden Satz anschließt, leitet zur Erörterung über, wie ein eingeschränkter Genuss möglich ist, *tamen* führt antithetisch zum vollendeten Genuss zurück. *emendato* und *composito* bzw. *emendas* und *componis* bezeichnen einerseits den vollendeten Zustand eines fehlerfreien, geordneten Geistes, andererseits den Vorgang des Verbesserns und Ordnens. *frui* aus dem ersten Satz wird durch *frueris* wiederaufgenommen, zweimaliges *etiam dum* verweist auf die Freude, die Lucilius bereits unterwegs gewinnen kann. Vollkommener und langer Genuss ist der Lohn, der dafür in Aussicht gestellt wird, dass Lucilius versucht, seinen *animus* zu verbessern.

frui und *voluptas* sind Begriffe, die in das Zentrum von Epikurs Lehre führen, und Seneca steht hier in Übereinstimmung mit Epikur, wenn er Lucilius schon für die Zeit des Lernens Freude in Aussicht stellt: Der Weg zur Weisheit ist schon Genuss (vgl. Textausgabe, Begleittext 1, S. 46). Dass Epikurs Gedanken nach Senecas Auffassung nicht der Weisheit letzter Schluss sind, zeigt der folgende Satz, der von einer *alia voluptas* spricht, die aus der Betrachtung eines fehlerfreien Geistes gewonnen wird. Es gehört aber zu Senecas Seelen- und Gedankenführung, dass er das Durchhaltevermögen des Lucilius stärkt, indem er ihm Zwischenstationen auf dem Weg zum höchsten Ziel aufzeigt (G. Reinhart / E. Schirok, S. 123 – 124).

Epikur kommt es auf den Gewinn von Freude an, er gibt sich deshalb mit dem Genuss, der beim Lernen entsteht, zufrieden. Der Erkenntnisvorgang an sich bietet beim Philosophieren einen Reiz, das Ziel scheint zweitrangig. Seneca hingegen lässt keinen Zweifel daran, dass vollendeter Genuss erst bei vollendetem Geist sich einstellt. Philosophie ist für Epikur insofern »l'art pour l'art«, als es ihm auf den damit verbundenen Lustgewinn ankommt. Dies weist Seneca weit von sich: *Non est philosophia populare artificium nec ostentationi paratum; non in verbis, sed in rebus est. Nec in hoc adhibetur, ut cum aliqua oblectatione consumatur dies ...* (ep. 16, 3), ferner: *hoc enim turpissimum est, quod nobis obici solet, verba nos philosophiae, non opera tractare* (ep. 24, 15). Die Lust ist in der epikureischen Lehre (vgl. Textausgabe, Begleittext 2, S. 46–47) das erste Gut; das kalkulierende Abwägen von Lustgewinn und Schmerz bestimmt, was gewählt und was vermieden werden soll. Seneca ordnet genau diese Rolle der Philosophie zu: *animum format et fabricat, vitam disponit, actiones regit, agenda et omittenda demonstrat, sedet ad gubernaculum ...* (ep. 16, 3). Dass dennoch Senecas Auffassung viele Gemeinsamkeiten mit Epikurs Lehre hat, lässt der zweite Abschnitt in Begleittext 2 (132) erkennen: Epikur vertritt keinen blinden Hedonismus, für ihn steht lustvolles Leben in engem Zusammenhang mit tugendhaftem und gerechtem Leben.

Das Glücksgefühl, das Lucilius mit dem Erreichen der geistig-seelischen Mündigkeit empfinden wird, vergleicht Seneca in **§ 2** mit der Freude jenes Tages, der für den jungen Römer die Aufnahme in die Erwachsenenwelt bedeutete und der sicher auch für Lucilius ein unvergesslicher Tag war:

Bild:		Wirklichkeit:
praetexta posita sumpsisti virilem togam in forum deductus es	*GAUDIUM*	puerilem animum deposueris te in viros philosophia transscrisperit

Seneca bleibt zunächst in der Wortwahl des Bildes, deutet jedoch den Begriff *pueritia* um in *puerilitas*, der vom tatsächlichen Lebensalter losgelöst die *vitia* Senecas und Lucilius' beschreibt. Das »Kindische« besteht in dem Missverhältnis von Autorität zu den Fehlern, die Kinder, konkreter: Kleinkinder, haben. Diese Fehler konkretisiert Seneca wiederum, indem er die Furcht vor Unbedeutendem einerseits (= Furcht der Greise z.B. vor Krankheit und Tod) und vor Hirngespinsten (= Furcht der Kinder z.B. vor dem Mann hinter dem Vorhang) andererseits anführt. Der Gedankengang ist assoziativ: Unsere Situation ist der Kindheit der Unmündigen zu vergleichen *(pueritia)*, schlimmer noch, der Kindlichkeit *(puerilitas)*, schlimmer, weil wir das Ansehen der Greise mit den Fehlern der Kinder, genauer: der Kleinkinder, verbinden; beide haben unbegründete Angst und diese Ängste haben wir gebündelt. Der Paragraph endet in dem kurzen, antithetisch aufgebauten Satz, der das Erörterte auf den Punkt bringt: *illi levia, hi falsa formidant, nos utraque.*

Das Thema »Furcht« in **§ 3** wird verengt auf die Todesfurcht und gleichzeitig im Folgenden als Hauptthema des Briefes vertieft.

Betrachtet man die Appelle, die Seneca **§§ 3 – 9** an Lucilius richtet, so wird bereits die Methode deutlich, mit der er empfiehlt, den Affekt »Todesfurcht« zu überwinden: Tägliche geistige Übung *(cotidie meditare*, § 5), sich selbst ermahnen *(adhortare te et indura*, § 6), aus der vermeintlichen Sicherheit aufrütteln (*noli huic tranquillitati confidere*, § 7), bedenken, was kommen kann (*cogita posse*, § 8), Beispiele dafür, wie es anderen erging, sich in Erinnerung rufen (*recognosce exempla eorum*, § 8), zusammengefasst: mit Hilfe des *animus* die Todesfurcht besiegen (*versanda in animo sunt*, § 9 (P. Rabbow (S. 327) nennt dies die »technische Bezeichnung des meditativen ›Durcharbeitens‹«)). Im einzelnen:

1. Verharmlosungsmethode (Bütler in: H. – P. Bütler / H. J. Schweizer, S. 36) **(§ 3)**: Der Tod ist das letzte Übel, der größte, letzte Schrecken. Deshalb kann Seneca paradox formulieren: Es gebe Übel, die man deshalb weniger zu fürchten braucht, weil sie viel Furcht verursachen. Der Tod ist ein kurzer Moment, falls er überhaupt kommt. Seneca knüpft hier an die Alternative, die Epikur bezüglich des Todes formuliert hat, an (vgl. Textausgabe, Begleittext 3, S. 47). In dieselbe Richtung weist die Überlegung, dass die dem Tod folgende Empfindungslosigkeit sich in nichts von der ebenso empfindungslosen Zeit vor der Geburt unterscheidet (H. – P. Bütler / H. J. Schweizer, S. 37) (vgl. Textausgabe, Begleittext 4, § 4, S. 47). Damit ist aber auch ein Unterschied zwischen der stoischen Lehre und Epikur angedeutet: Nach Epikur besteht die Seele aus Atomen, die sich beim Tod auflösen; der Tod bedeutet also für Epikur das »absolute Ende des Menschen« (M. Baltes, S. 125), während nach der Lehre der Stoa die Seele ins göttliche Feuer zurückkehrt (M. Baltes, S. 121).

2. Geringschätzung des Lebens: Der Übergang zu diesem zweiten Punkt **(§ 4)** erfolgt durch einen fingierten Einwand des Lucilius; drei Beispiele, jeweils anaphorisch eingeleitet mit *alius*, zeigen, wie leichtfertig Menschen ihr Leben wegwerfen. Wenn Menschen aus so nichtigen Gründen Selbstmord begehen, dann ist doch gewiss die sittliche Vollkommenheit *(virtus)* ein berechtigter Grund. Epistel 24 wird Beipiele für einen sittlich gerechtfertigten Selbstmord aus der antiken Geschichte aufzeigen und das Thema »Selbstmord« vertiefen.
3. Befreiung vom Lebensverlangen **(§ 4 Nulli potest bis 6 adhortare te et indura)**: Wer nur an die Verlängerung seines Lebens denkt, dem kann ein sorgloses Leben nicht gelingen *(nulli potest secura vita contingere, qui...*, § 4), in seinem krankhaften Festhalten am Leben sucht er Halt an Dornen und Felsen (*tenent ... spinas et aspera*, § 5). Die Angst vor dem Tod und ein qualvolles Leben treiben ihn hin und her, er kommt nicht zur Ruhe (*fluctuantur*, § 5). Der Paragraph endet wiederum mit einer Pointe; das adversative Asyndeton hebt die Paradoxie hervor: *vivere nolunt, mori nesciunt* (§ 5). Die Angst vor dem Tod verhindert ein wirkliches Leben (so auch in *de tranquillitate animi*, Textausgabe, Begleittext 4, § 6, S. 47). § 6 zieht die Konsequenz *(fac itaque)*: Wird die Sorge um das Leben abgelegt *(omnem pro illa sollicitudinem deponendo)*, gelangt man erst zu einem erfüllenden Leben *(iucundam vitam)*.
4. Geistige Vorbereitung auf den Verlust des Lebens **(§ 6 Nullum bonum – § 8)**: Um zu zeigen, dass Lebensfreude nur bei gleichzeitigem Lösen vom Leben möglich ist, wendet Seneca diese These auf alle Güter an, verallgemeinert also seine Argumentation. *iucundam* (§ 6) wird durch *adiuvat* (§ 6) aufgenommen, das anaphorische *nullum ... nullius* betont die Allgemeingültigkeit für alle Güter, deren Verlust *(amissionem, amissio)* geistig vorbereitet sein muss. Bei der dritten Verwendung von *amissio* bzw. *amissa* kehrt Seneca zum Verlust des Lebens zurück, der mit der paradoxen Formulierung *quam quae desiderari amissa non potest* umschrieben wird. So versucht Seneca zu belegen, dass gerade der Verlust des Lebens leichter zu ertragen sein wird, weil man ja danach nicht mehr verlangen kann. Die geistige Vorbereitung wird bewirken, dass nichts mehr überraschend sein wird, weil alle Möglichkeiten des Lebens schon durchdacht sind (*de tranquillitate animi* Textausgabe, Begleittext 4, § 6, S. 47).
Bei dieser *praeparatio animi* helfen *exempla*: Seneca beginnt bei den Mächtigsten, die vermeintlich im größten Glück leben (§ 7). Je höher das Schicksal einen Menschen gestellt hat, desto tiefer kann er fallen *(tantum illi minaretur, quantum permiserat)*. Für Lucilius bedeutet dies: Gerade dann, wenn er sich in sicherem Glück wähnt, muss er sich besonders auf das plötzliche Umschlagen des Schicksals vorbereiten (§ 7). Auch das Leben des Lucilius ist immer bedroht: Räuber, Feind, Sklave, kurzum jeder, der sein eigenes Leben geringschätzt, kann ihn jederzeit töten (§ 8). Eindringlich hält Seneca Lucilius die Gefahr vor Augen: Dies zeigen die Aufforderungen *cogita posse ..., recognosce* mit folgendem *intelleges*, die nachdrückliche Behauptung *Ita dico* und die rhetorische Frage *Quid ad te itaque ...* (§ 8). Mehrfach weist Seneca darauf hin, dass wirklich jeder über Lucilius' Leben Macht hat: *nemo non servus ..., quisquis ..., nemo non* (§ 8); Tod drohte durch einen Sklaven aus der *familia* ebenso wie durch einen Häscher Neros: Se-

neca hat gewiss bei diesen Beispielen an die dauernde Gefährdung seines eigenen Lebens gedacht, da er die unzähligen politischen Morde, die Nero verüben ließ, miterlebte.
Mit **§ 9** kehrt Seneca zur ersten Methode zurück, die er zur Überwindung der Todesfurcht empfohlen hat: der »Verharmlosung« (s. oben zu § 3). *Ita dico* leitet die Schlusspointe ein *(ex quo natus es, duceris)*, die an *cotidie mori* in ep. 1, 2 erinnnert. So schließt sich der Argumentationskreis; der letzte Satz rundet das Erörterte ab und fasst zusammen: Allein mit Hilfe des Geistes kann die Furcht vor dem Tod überwunden und somit ein Leben in Gelassenheit erreicht werden. §§ 3 – 9 zeigten Wege zu dieser Geisteshaltung auf.
Ein Vergleich mit Sokrates' Abschiedsrede am Ende der Apologie (vgl. Textausgabe, Begleittext 5, S. 47) hilft, zusammenfassend die Eigentümlichkeit von Senecas Argumentationsweise zu erkennen: Gemeinsam ist beiden der rationale Ansatz. Sokrates spricht von zwei Möglichkeiten, wie es nach dem Tode weitergehen kann: ein traumloser Schlaf oder tatsächlich ein Weiterleben, beides kann in seiner Sicht nur positiv sein. Wir wissen, dass Sokrates der zweiten Möglichkeit zuneigte: Im Dialog »Phaidon« erörtert er ausführlich mit seinen Freunden die Unsterblichkeit der Seele. Die Frage, wie es nach dem Leben weitergeht, interessiert Seneca nur am Rande: »Die Spärlichkeit der Zeugnisse über das Leben nach dem Tod zeigt, daß die Stoa eine Philosophie der Diesseitigkeit war, d.h. eine Philosophie, die sich ganz auf das Leben *hic et nunc* und dessen Bewältigung konzentrierte« (M. Baltes, S.123). Seneca versucht, auf ganz verschiedenen Wegen die Angst vor dem Tod anderen und wohl auch sich selbst zu nehmen. Mit einem *»exercitium spirituale«* übt Seneca das Sterben ein und »vollendet sich in der innerlichen Bejahung des eigenen Todes« (P. Grimal, S.102). Diese Methoden, die unseren Schülern manchmal gesucht erscheinen mögen, sind keine Dogmen, sie dienen allein dem Zweck, den Menschen zu helfen. Ein derartiger pädagogischer Ansatz fehlt bei Sokrates; nach allem, was wir über ihn wissen, will er weder sich selbst noch jemanden anderen über den Tod hinwegtrösten. Dennoch können beide Ansätze auch heute noch eine Hilfe zur Lebens- und damit auch zur Todesbewältigung sein.

Teil II

Der Epilog **(§§ 10 – 11)** lässt nicht ausschließlich »ein ganz anderes Thema anklingen: das der Bescheidung im Besitz ...« (So G. Maurach, Der Bau ..., S. 37). Vielmehr gibt es Gemeinsamkeiten mit dem I. Teil: Unter einem Leben in *paupertas* versteht Seneca, dass die Grundbedürfnisse (*non esurire, non sitire, non algere*, § 10) gedeckt sind. Diese natürlichen Bedürfnisse sind leicht zu stillen (*parabile est, quod natura desiderat, et adpositum*, § 10; *ad manum est*, § 11). Alles, was darüber hinausgeht, bringt Erniedrigung (*superbis adsidere liminibus, supercilium grave et contumeliosam etiam humanitatem pati*, § 10), sorgt für ein gefahrvolles und unruhiges Leben (*maria temptare, sequi castra*, § 10), und lässt den Menschen in Mühen alt werden (*togam conterunt, senescere sub tentorio cogunt, in alie-*

na litora inpingunt, § 11). Die Anaphern *quae* ..., *quae* ..., *quae* ... heben die Last eines solchen Lebens hervor.
Mit einer Pointe endet der Brief: Wer mit der Armut gut zurechtkommt, ist reich. Das Verlangen nach überflüssigen Gütern bewirkt ebenso wie das Lebensverlangen Unruhe und verhindert somit ein wahrhaft glückliches Leben: »Man ist reich, wenn man kein Verlangen nach Reichtum verspürt, ebenso wie man im vollen Sinne des Wortes lebt, sobald man sich vom Lebensverlangen losgesagt hat« (P. Grimal, S.10).
Zur Vertiefung des Themas »Bewältigung der Todesfurcht« in einem Referat eignet sich als Einstieg der unten aufgeführte Aufsatz von Baltes »Die Todesproblematik in der griechischen Philosophie«, der eine gute Zusammenfassung gibt.

Tafelbild und Aufstellung zu Epistel 4

Teil I:

Ziel

§§ 1 – 2

frui, voluptas	**vgl. gaudium:**
emendato animo et composito	praetexta posita sumpsisti virilem togam et in forum deductus es

↑

ex contemplatione mentis
ab omni labe purae et splendidae
te in viros philosophia transscripserit

↑

Zwischenstation auf dem Weg zum Ziel

↑

frui:
dum emendas, dum componis

↕

Ausgangssituation: Hindernisse

§ 2

non pueritia, sed puerilitas
auctoritatem senum: levia **formidant**
vitia puerorum, infantum: falsa **formidant**

§ 3

speziell: **metus**
mors

Ziel (§ 1)

Hilfe zur Überwindung der Todesfurcht

§ 3 1. *»Verharmlosung«: Der Tod – ein kurzer, letzter Moment:* necesse est aut non perveniat aut transeat.

§ 4 2. *Geringschätzung des Lebens:* **animum perducere** ad contemptionem animae: **virtus** (<–> formido).

3. *Befreiung vom Lebensverlangen als Weg zum glücklichen Leben:* Nulli potest **secura vita** contingere, qui de producenda nimis cogitat;

§ 5 – cotidie **meditare**, ut possis **aequo animo** vitam relinquere;

§ 6 – fac tibi **iucundam vitam** omnem pro illa **sollicitudinem** deponendo.

4. *Geistige Vorbereitung auf den Verlust des Lebens:* ad amissionem **praeparatus est animus**;
– **adhortare te et indura**.

§ 7 5. *Beispiele für die Allgegenwart des Todes:* Pompeius, Crassus, Lepidus, Gaius Caesar;
– **noli** huic tranquillitati confidere;

§ 8 – **cogita** posse et latronem et hostem admovere iugulo tuo gladium;
– **recognosce** exempla.

§ 9 6. *Mit der Geburt beginnt der Tod*: ex quo natus es, duceris.

§ 9 *Resumee:* **haec et eiusmodi versanda in animo sunt**

si volumus ultimam illam horam **placidi** expectare,
cuius **metus** omnes alias **inquietas** facit

§ 9 haec et eiusmodi versanda in animo sunt,

si volumus ultimam illam horam **placidi** expectare,

cuius **metus** omnes alias **inquietas** facit

Teil II:

§ 10 – 11

supervacua:	magnae **divitiae**
– superbis adsidere liminibus	= lege naturae composita **paupertas**
– supercilium grave et contumeliosam humanitatem pati	= non esurire, non sitire, non algere
– maria temptare	= parabile, adpositum, ad manum
– sequi castra	→ **dives est**
– sudatur	
– illa sunt, quae togam conterunt,	
– quae nos senescere sub tentorio cogunt,	
– quae in aliena litora inpingunt	

Epistel 7

Gliederung

Teil I (§§ 1 – 9)

1. Abschnitt: *Quid tibi* (§ 1) – *hoc periculi plus est* (§ 2): Empfehlung Senecas, bei dem derzeitigen Stand im seelischen Reifungsprozess die Volksmenge zu meiden.
2. Abschnitt: *Nihil vero* (§ 2) – *non potest discere* (§ 5): Die Gladiatorenkämpfe im Amphitheater als Beispiel für den negativen Einfluss einer Volksmenge.
3. Abschnitt: *Subducendus populo est* (§ 6) – *venientium potest* (§ 6): Erneuter Rat, die Seele, die noch nicht genug gefestigt ist, vom Volk, das sogar den Charakter großer Philosophen schädigen würde, fernzuhalten.
4. Abschnitt: *Unum exemplum* (§ 7) – *factus est impetus* (§ 7): Beispiele für den schlechten Einfluss einzelner Personen.
5. Abschnitt: *Necesse est* (§ 8) – *dum docent, discunt* (§ 8): Warnung vor Anpassung an die Masse einerseits und elitärer Arroganz andererseits, Empfehlung, mit Gleichgesinnten zu verkehren.

6. Abschnitt: *Non est, quod* (§ 9) – *didicisti* (§ 9): Rat, nicht nach der Zustimmung der Masse, sondern dem geistigen Austausch mit wenigen zu streben.

Teil II (§§ 10 – 12)

1. Abschnitt: *Sed ne soli* (§ 10) – *theatrum sumus* (§ 11): Bekräftigung dieses Rates durch Zitate großer Philosophen.
2. Abschnitt: *Ista, mi Lucili* (§ 12) – *Vale* (§ 12): Erneute Aufforderung, nicht nach der Zustimmung von außen zu streben, sondern das eigene Gute im Innern zu beachten.

Interpretation und methodische Vorschläge

Seneca nimmt zu Beginn des Briefes eine fiktive Frage des Lucilius auf: Was gilt es besonders zu vermeiden? Der dialogische Auftakt wird durch formale Beobachtungen zu § 1 deutlich: Auf die Verwendung der zweiten Person *(tibi, existimes, quaeris, committeris)* folgen Pronomina bzw. Verbalendungen der ersten Person Singular *(ego, confitebor, meam, extuli, refero, composui, fugavi)*. Am Ende des Paragraphen steht ein verbindliches *nobis*. Die Frage des Lucilius beantwortet Seneca zunächst mit nur einem Wort *(turbam)* und schließt eine ebenfalls knappe Begründung an *(nondum illi tuto committeris)*. Lucilius befindet sich also in dem langen Lernprozess, der zur Vervollkommnung der Seele führt, auf der Stufe des *nondum* (§ 1); dass diese Einschätzung Senecas keine herabsetzende Kritik bedeutet, zeigt der folgende Satz: Seneca stellt seine Person betont an den Anfang *(ego certe)* und bekennt *(confitebor)* seine eigene Unzulänglichkeit. Beide, Lucilius und Seneca, befinden sich auf der gleichen Stufe wie Kranke, die sich nicht hinauswagen können, weil ihre Schwächlichkeit zu einem sofortigen Rückfall führen würde. Mit dem Begriff *inbecillitas* bezeichnet Seneca hier sowohl den noch labilen Zustand des Kranken als auch die Verfassung der Seele, die noch nicht stark genug ist, um sich der Außenwelt auszusetzen. Wie in Brief 27, 1 (vgl. Textausgabe, Begleittext 1, S. 64) geht es Seneca hier um die Einbeziehung der eigenen Person in den Heilungsprozess.

§ 1

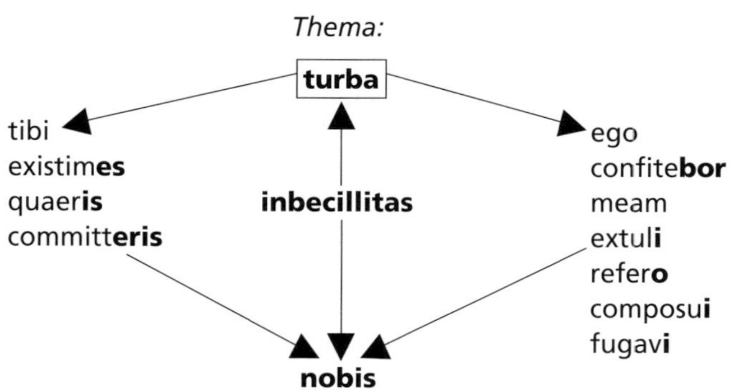

Die beiden Aspekte des Themas *turba*, Wirkung der Masse und der richtige Umgang mit ihr, sind damit vorgegeben; sie führen durch den gesamten Brief. Es wechseln sich überwiegend erörternde Partien mit Abschnitten ab, in der Seneca Forderungen stellt und Ratschläge erteilt; *exempla* verdeutlichen die Aussagen bzw. Ratschläge:

§ 1	*Quid tibi ... committeris*: Empfehlung (Gerundivum, zweite Person Futur).
§§ 1/2	*Ego certe ... plus est:* Erörternder Abschnitt unter Einbeziehung der eigenen Person.
§§ 2/5	*Nihil vero ... potest discere*: Beispiel Theater (lebendige Darstellung durch rhetorische Fragen, Zwischenrufe der Zuschauer).
§ 6	*Subducendus ... recti*: Wiederaufnahme der Empfehlungen (Gerundivum).
§ 6	*facile ... potest*: erörternder Abschnitt mit Beispielen berühmter Personen.
§ 7	Beispiele einzelner Personen aus der Masse.
§§ 8/9	Ratschläge (*necesse est*, Gerundiva, iussive Konjunktive, Imperative, *non est, quod + Konj.*).
§§ 10/11	Zitate von Demokrit, einem Anonymus und Epikur.
§ 12	Zusammenfassende Ratschläge (Gerundivum, iussiver Konjunktiv).

Die genauere Untersuchung der Formulierungen, die für die Menschenmenge, die seelische Verfassung des Lucilius und Senecas, die Wirkung der Masse und das empfohlene Verhalten ihr gegenüber, verwendet werden, ermöglicht die inhaltliche Erschließung des Briefes:

Menschenmenge →	**Seelische Verfassung** →	**Wirkung der Menge** →	**empfohlenes Verhalten**
§ 1			
turba	inbecillitas	numquam mores, quos extuli, refero aliquid turbatur aliquid redit	vitandum est, nondum illi tuto committeris
	animi ex longo morbo reficiuntur	offensa	
§ 2			
multorum conversatio		inimica vitium commendat, inprimit, nescientibus adlinit	
populus (spectaculum)		periculum damnosum bonis	

Menschen-menge →	Seelische Verfassung →	Wirkung der Menge →	empfohlenes Verhalten
		moribus vitia subrepunt	
§ 3			
homines		(avarior, ambitiosior, luxuriosior) crudelior, inhumanior redeo	
§ 6			
populus	tener animus et parum tenax recti		subducendus populo est ←
plures		facile transitur ad plures, Socrati et Catoni et Laelio morem excutere potuisset	
dissimilis multitudo			
magnus comitatus	concinnamus ingenium	nemo impetum vitiorum ferre potest	
§ 7			
(exemplum: convictor delicatus, vicinus dives, malignus comes)		multum mali facit enervat, mollit	
	candidus simplex	cupiditatem inritat rubiginem adfricuit	
§ 8			neve similis malis fias (= imitari), neve inimicus multis (= odisse) recede in te ipse, ← cum his versare, qui te meliorem facturi sunt, illos admitte, quos tu potes facere meliores
§ 9			non est, quod te gloria publicandi ingenii producat in medium, ut recitare istis velis aut disputare

Menschen-menge	**Seelische Verfassung**	**Wirkung der Menge**	**empfohlenes Verhalten**
§ 12			
plures			contemnas voluptatem ex plurium adsensionem venientem,
multi			introrsus bona tua spectent
Die Menschenmenge (wie sie sich z.B. im Theater zeigt)	trifft uns in einer seelischen Verfassung, die ihren Einflüssen noch nicht gewachsen ist,	sie kann daher uns in unserem Bemühen um eine verbesserte Seelenhaltung stören, hat einen verderblichen Einfluss auf den Charakter, irgendeine negative Folge bleibt stets,	sie ist daher zu meiden, jedoch ohne elitären Hochmut; es gilt, sich soweit wie möglich zurückzuziehen und mit Gleichgesinnten Umgang zu haben; der Ehrgeiz, in der Öffentlichkeit Ruhm zu suchen, ist abzulehnen, die wahren Güter des Weisen liegen in seinem Innern.

Auf drastische Weise führt Seneca durch das Beispiel des Gladiatorenkampfes (*§§* **2/5** *Nihil vero ... potest discere*) die Wirkung der Menge auf einen *tener animus* (§ 6) vor Augen, ja selbst der Charakter eines Sokrates, Cato oder Laelius würde negativ beeinflusst werden **(§ 6)**. Seneca warnt davor, dass das schlechte Beispiel, das die Römer durch die Veranstaltung solcher Spiele geben, abfärben könnte. Der Schlusssatz des Paragraphen 5 gibt zu verschiedenen Deutungen Anlass: Dass Seneca hier Nero schmeicheln wollte, halte ich mit Maurach für sehr unwahrscheinlich (G. Maurach, Der Bau ..., S. 46, Anm. 69). Wahrscheinlicher scheint mir die Vermutung, dass Seneca mit *eum ..., qui non potest discere* (§ 5) den Gladiatoren selbst meint, der im Theater hingerichtet wurde (*iugulentur*, § 5), somit also nicht mehr lernen kann, grausam zu sein.
Die drei kurzen Beispiele *convictor delicatus, vicinus dives, malignus comes* **(§ 7)** legen ebenfalls Wert auf die Negativwirkung eines schlechten Beispiels: Wenn schon der Umgang mit Einzelpersonen derart schlimme Konsequenzen hat, wie wird dann erst die Wirkung der Öffentlichkeit sein (*in quos publice factus est impetus*, § 7)? Die Zitate Demokrits, eines Anonymus und Epikurs **(§§ 10 und 11)**

sollen Senecas Ratschlag argumentativ unterstützen, nicht nach der Wirkung auf die Öffentlichkeit zu schielen (*non est, quod te gloria publicandi ingenii producat in medium*, **§ 9** und *contemnas voluptatem ex plurium adsensione venientem*, **§ 12**); denn diese Öffentlichkeit ist nicht in der Lage, dich zu verstehen (*nemo est, qui intellegere te possit*, § 9), es sei denn, es gäbe einmal einen, der durch gründliche Unterweisung dies erreichen könnte. Dem Weisen genügen wenige, einer, oder er benötigt sogar keinen; die drei Zitate (§§ 10 und 11) unterstreichen in variierender Weise diese Aussage.

Beim ersten Durchlesen erweckt der Brief den Eindruck, dass Seneca hier den Rückzug ins Private fordert. Die genauere Lektüre und ein Vergleich mit Brief 6 und *de tranquillitate animi* 17, 3 (vgl. Textausgabe, Begleittexte 1 und 2, S. 48–49) erweisen diesen Eindruck als falsch. Zwar erklärt Seneca zu Beginn, dass das, was es am meisten zu meiden gilt, die Menschenmenge ist, die Begründung für diese Forderung liefert zugleich jedoch die erste Einschränkung: Lucilius und Seneca sind ihr noch nicht gewachsen, ihr Einfluss auf sie ist verderblich (§ 1). Das extreme Beispiel des Gladiatorenkampfes belegt diese These; ihm wäre auch der Charakter gestandener Philosophen nicht gewachsen. Eine zweite Einschränkung erfolgt in § 8: Seneca mahnt Lucilius, einen Mittelweg zu suchen zwischen den falschen Extremen Anpassung und Hass gegenüber der Menge. Dem entspricht die Aussage in *de tranquillitate animi* (vgl. Textausgabe, Begleittext 2, S. 49): Man muss beides verbinden und abwechseln, Alleinsein und Gemeinschaft, wohl wissend, dass letztere den noch nicht gefestigten Charakter zu Leidenschaften hinreißen kann. Zu diesen Affekten gehören die Leidenschaften, die im Amphitheater geweckt werden (§§ 2 – 5) ebenso wie der falsche Ehrgeiz, Zustimmung in der Öffentlichkeit zu suchen (*gloria publicandi ingenii*, § 9 und *contemnas voluptatem ex plurium adsensione venientem*, § 12). Trotzdem bleibt es bei der Weisung: *Recede in te ipse, quantum potes* (ep. 7, 8), aber mit dem entscheidenden Zusatz, dass man mit denen Umgang haben soll, die einen besser machen können, bzw. die man selbst besser machen kann (§ 8). Dies werden nicht viele sein, denn nur wenige, vielleicht überhaupt niemand, kann Senecas bzw. Lucilius' Denken verstehen (§ 9). Seneca fordert also nicht dazu auf, Einzelgänger zu werden und sich gegenüber anderen arrogant zu verhalten. Diese Haltung weist er in Brief 5 energisch zurück: Der Philosoph darf sich nicht der Gemeinschaft mit anderen Menschen entziehen (ep. 5, 1). Der 6. Brief (vgl. Textausgabe, Begleittext 1, S. 48–49) zeigt, dass für Seneca Freundschaft von großer Bedeutung ist, ja das Angebot, Weisheit zu besitzen, ohne sie anderen mitteilen zu können, müsste Seneca zurückweisen (ep. 6, 4). Seneca lehnt jedoch eine oberflächliche Freundschaft ab; wahre Freundschaft bedeutet Streben nach dem gleichen sittlich Guten, Gemeinschaft in allem, besonders dem Unglück (ep. 6, 3). Ebenso wie Seneca in Brief 7 vor dem verderblichen Einfluss schlechter Beispiele warnt, betont er im 6. Brief (§§ 5 und 6) die positive Wirkung von Vorbildern, die man persönlich z.B. durch Lebensgemeinschaft erfahren kann. Eine solche Erfahrung ist durch kein Schriftstück und keinen Vortrag zu ersetzen. Voraussetzung für wahre Freundschaft ist, dass man sich selbst Freund geworden ist (ep. 6, 7), d.h. dass man zu sich selbst gefunden hat, ein Ziel, das jedoch nicht in der Menge zu erreichen ist; sie kann im Gegenteil, wie Brief 7 zeigt, zur Grausamkeit und Verrohung verleiten.

Das Amphitheater verdirbt den Charakter, indem es grausam und unmenschlich macht (§ 3). In der Mittagspause, zwischen den regulären Gladiatorenspielen, zeigt sich das wahre Gesicht der Spiele: es geht um reinen Mord (*mera homicidia*, § 3). Doch was sind die regulären Gladiatorenspiele anderes? Schild und Helm dienen nur der Verzögerung des Tötens, einem Spiel (§§ 3 und 4). Die Zwischenrufe, die Seneca wiedergibt, geben dem Leser einen realistischen Eindruck von der Stimmung in einem Amphitheater (§ 5). Senecas Kritik an den Gladiatorenspielen ist in seiner Zeit singulär. Die Gladiatorenspiele waren ungeheuer beliebt, was schon die große Zahl von Amphitheatern, die die Römer in jeder größeren Stadt bauten, zeigt. Erst in den folgenden Jahrhunderten kam Kritik auf, insbesondere von christlicher Seite.

Scharfe Kritik an den Spielen äußerte Augustinus (vgl. Textausgabe, Begleittext 3, S. 49–50): Er sah noch viel mehr als Seneca die Verrohung als zwangsläufige Folge eines Theaterbesuchs. Gladiatorenspiele haben in seiner Sicht eine magische Kraft, die zur Sucht führt. Der geschilderte junge Mann verliert durch die bloße Anwesenheit die Macht über sich selbst und wird abhängig von ihnen. Für Augustinus ist diese Sucht gleichbedeutend mit der Abwendung von Gott. Seneca hebt zwar hervor, dass die Menschen durch diese *mala exempla* (§ 5) grausamer und unmenschlicher werden (§ 3), bleibt jedoch bei einer rationalen Erklärung: Die schlechten Beispiele können auf die Römer, die solche Spiele veranstalten, zurückschlagen (§ 5). Das Thema »Bedeutung der Gladiatorenspiele im Lauf der Jahrhunderte« wäre ein geeigneter Gegenstand für ein Referat oder eine Facharbeit. Einen sehr guten Überblick über die Geschichte und Kritik der Gladiatorenspiele gibt P. Walter in: Aditus III (Lehrerhandbuch), herausgegeben von R. Nickel, Freiburg [2]1977, S. 252 – 256. Hier ist auch die wichtigste Literatur zum Thema besprochen.

Das von Seneca in diesem Brief behandelte Thema ist höchst aktuell: Die Darstellung von Gewalt und ihre Folgen für die Entwicklung der Persönlichkeit wird in einer Gesellschaft, in der Gewalttaten ständig zunehmen, von zentraler Bedeutung. Die abschließende Diskussion über Brief 7 kann, vielleicht ausgehend von Begleittext 4, S. 50 (vgl. Textausgabe), persönliche Erfahrungen der Schüler mit der Wirkung von Gewaltdarstellung einbeziehen und so Senecas Kritik des Gladiatorenspiels aktualisieren.

Epistel 15

Gliederung

Teil I: §§ 1 – 8: Vorrang des Geistes gegenüber dem Körper

1. Abschnitt: *Mos antiquis fuit* (§ 1) – *animo locum laxa* (§ 2): Abwägung zwischen Sorge um geistige und körperliche Gesundheit.
2. Abschnitt: *Multa sequuntur* (§ 3) – *vita cardiaci est* (§ 3): Nachteile eines körperlichen Trainings.
3. Abschnitt: *Sunt exercitationes* (§ 4) – *ex his elige* (§ 4): Leichtere Übungen für den Körper ohne negative Auswirkungen auf den Geist.
4. Abschnitt: *Quidquid facies* (§ 5) – *fit melius* (§ 5): Vorzüge geistiger Betätigung.
5. Abschnitt: *Neque ego* (§ 6) – *vetat fieri* (§ 6): Entspannung des Körpers im Dienste des Geistes.
6. Abschnitt: *Nec tu* (§ 7) – *ut exerceat* (§ 8): Gebrauch der Stimme im Dienste des Geistes.

Teil II: §§ 9 – 11: Fremdbestimmung und Selbstbestimmung: Die entscheidende Alternative des Lebens

1. Abschnitt: *Detraxi tibi* (§ 9) – *idem qui supra* (§ 9): Fremdbestimmung und Abhängigkeit eines törichten Lebens.
2. Abschnitt: *Quam tu* (§ 9) – *nec ex fortuna pendere* (§ 9): Anwendung auf den Leser: fremdbestimmtes und autarkes Leben.
3. Abschnitt: *Subinde itaque* (§ 10) – *te ipse antecessisti* (§ 10): Empfehlung, die erzielten Erfolge auf dem Weg zur Autarkie zu würdigen.
4. Abschnitt: *Finem constitue* (§ 11) – *Vale* (§ 11): Sinnlosigkeit des Strebens nach den falschen Gütern.

Interpretation und methodische Vorschläge

Teil I

»Si vales bene est, ego valeo«: Der Briefbeginn war so geläufig, dass niemand mehr über seinen eigentlichen Sinn nachdachte. Gerade daran knüpft Seneca an, indem er das Augenmerk des Lesers auf die tiefere Bedeutung des Satzes lenkt: Was heißt tatsächlich *valere*? Der alten Briefformel wird ein neuer Inhalt gegeben: *valere = philosophari.* Damit sind Thema und Überschrift des Briefes genannt, Senecas Auffassung von dem, was unter *valetudo* zu verstehen ist, ist bereits festgelegt. Der Rest des ersten Teiles von Brief 15 besteht in der Abgrenzung gegenüber einem vordergründigen und falschen Verständis von *valetudo,* wie es auch der gemeinhin üblichen Deutung der Briefformel zugrundeliegt: Seneca stellt daher in §§ 1 und 2 die körperliche Gesundheit der geistigen gegenüber (Bereich

des animus: *philosopharis, litterato viro, animus eliditur et minus agilis est, animo locum laxa* – Bereich des Körpers: *magnas habet vires, occupatio exercendi lacertos et dilatandi cervicem ac latera firmandi, sagina, tori creverint, nec vires opimi bovis nec pondus aequabis, corporis sarcina, circumscribe corpus tuum*). Ohne Philosophie ist der Geist krank (*aeger* § 1), auch der Körper ist ohne sie nur insofern gesund zu nennen, als er große Kräfte haben mag; damit unterscheidet er sich jedoch nicht von dem Körper eines Geisteskranken (§ 1).

Am Anfang und Ende von **§ 2** stehen jeweils Ratschläge. *Ergo* (§ 2, erster Satz) und *Itaque* (§ 2, letzter Satz) kennzeichnen den folgernden Charakter der Sätze. Die Prioritäten werden von Seneca eindeutig gesetzt: Zuerst gilt es, für die geistige Gesundheit zu sorgen, und erst in zweiter Linie folgt die Pflege des Körpers. Diese Aussage wird durch den formalen Aufbau des Paragraphen unterstrichen: Die Aufforderung, sich vor allem um den Gesundheitszustand des Geistes zu kümmern, leitet den Paragraphen ein und beschließt ihn. Das Hyperbaton *hanc praecipue valetudinem* im Einleitungssatz lenkt ebenso wie die Alliteration *locum laxa* im Schlusssatz den Leser auf den *animus*. Dazwischen steht die Begründung für diese Empfehlung. Spricht Seneca zunächst noch davon, dass man sich immerhin an zweiter Stelle um den Körper kümmern soll, so steht am Ende die Empfehlung, den Körper weitestgehend *(quantum potes)* in seine Schranken zu weisen *(circumscribe)*. Körperliche Gesundheit lässt sich mit wenig Aufwand erreichen *(non magno tibi constabit)*. Alles, was darüber hinausgeht, wie z.B. Übungen zur Stärkung des Körpers, ist töricht *(stulta)* und für einen gebildeten Mann wenig passend *(minime conveniens)*; der Gleichklang der Verben *exercendi, dilatandi* und *firmandi* unterstreicht die Monotonie und den Stumpfsinn eines solchen »bodybuildings«. Voller Ironie äußert sich Seneca über die »Aufbaunahrung« *(sagina)*, die, falls man sie glücklich überstanden hat und die Muskeln den erhofften Zuwachs erhalten haben, doch nicht bewirken kann, dass man die Kraft oder das Gewicht eines Ochsen erreicht *(nec vires umquam opimi bovis nec pondus aequabis)*; die Wirkung auf den Geist ist im Gegenteil verheerend: Das große Gewicht des Körpers *(sarcina)* drückt ihn förmlich hinaus, er kann sich nicht mehr recht bewegen. Das Wortspiel *sagina – sarcina*, Mästung – Last verdeutlicht Senecas Abscheu gegenüber derartigen »Fleischklößen«.

§ 3 ist klar gegliedert: Zunächst wird mit *incommoda* das Thema genannt; es wird in drei Punkten *(primum ..., deinde ..., accedunt ...)* ausgeführt, am Ende des Paragraphen steht wiederum eine Pointe, »das auffallendste senecaische ›Stilmittel‹« (Hildegard Cancik, S. 135). Das Thema *exercere* aus § 2 wird wieder aufgenommen und vertieft (M. v. Albrecht, S. 142). Variierend bleiben die *exercitationes* Gegenstand der Erörterung in den folgenden Paragraphen: § 3 *primum exercitationes ...*; § 4 *Sunt exercitationes ...*; § 5 *illum ... exerce; hanc exercitationem ...;* (§ 6 *gestatio* und *ambulatio*; § 7 *intentio vocis* als Formen der *exercitatio*;) § 8 *exerceatur vox, ... exerceat.* Seneca geht es also erneut um die praktische Empfehlung; ihr gilt seine Vorliebe, seine Abneigung gegenüber der Theorie wird vielfach deutlich (H. – P. Bütler / H. J. Schweizer, S. 14). Wesentliche *incommoda* eines Körpertrainings waren schon in § 2 genannt, sie werden nochmals betont, ohne dass zunächst grundlegend Neues hinzukommt:

(1) Die leidigen körperlichen Übungen behindern eine geistige Tätigkeit (*Stulta est enim ... et minime conveniens litterato viro occupatio exercendi ...* (§ 2) – *exercitationes, quarum labor spiritum exhaurit et inhabilem intentioni ac studiis acrioribus reddit* (§ 3)).
(2) Unter der Last der Speisen und des Körpergewichts wird der Geist erdrückt (*maiore corporis sarcina animus eliditur et minus agilis est* (§ 2) – *copia ciborum subtilitas inpeditur* (§ 3)).
Erst der dritte und ausführlichste Punkt in § 3 bringt einen neuen Aspekt: Man muss sich Trainern, Sklaven übelster Sorte, ausliefern, deren einziger Lebensinhalt in Schwitzen und Trinken besteht. Senecas Polemik gipfelt in der paradoxen Pointe *Bibere et sudare vita cardiaci est.* Der Ekel, den Seneca gegenüber einer solchen Lebensmaxime empfindet, findet seinen Ausdruck in der umständlich genauen Beschreibung des Vorganges »Schwitzen und Ersetzen des Flüssigkeitsverlustes« *(si in locum eius, quod effluxit, multum potionis altius in ieiuno iturae regesserunt).*
§ 4 bleibt bei den *exercitationes.* Seneca weckt zunächst die Hoffnung, dass dem Leser nun doch einige Ratschläge für brauchbare Übungen gegeben werden, die leicht und kurz sind *(faciles et breves)*; denn es gilt, Zeit zu sparen, die man für Wichtigeres benötigt. *tempori parcant* lässt an das Thema von Brief eins anklingen. Lauf, Hantelübungen und Sprung erfüllen diese Voraussetzungen, die nächsten drei Empfehlungen, anaphorisch jeweils mit *vel ille* begonnen, steigern sich in der Länge der einzelnen Kola. Dem entspricht eine inhaltliche Klimax, nämlich vom umständlich ausgedrückten, aber wohl noch positiv zu verstehenden Rat *vel ille, qui corpus in altum levat* bis zum abschätzigen Vergleich mit der Tätigkeit eines Gerbers. Diese Ironie lässt keinen Zweifel: Seneca hat kein Verständnis für sportliche Betätigung, wenn es dennoch sein muss, dann bitte nur leicht und kurz, welche Übung es auch sein mag *(quoslibet elige).* Seneca empfiehlt Lucilius die weniger aufwendigen Übungen, wie sie eher die ärmere Bevölkerung betrieben haben mag, letzere aus finanziellen Gründen, Seneca aus zeitökonomischen Motiven.
Konsequent ist die Forderung, mit der **§ 5** eingeleitet wird: Die schnelle Rückkehr vom Training des Körpers zu dem des Geistes. In der Wortwahl bleibt Seneca auf der körperlichen Ebene: *exerce, labore modico, alitur, cura, vetustate* sind Ausdrücke, die auch auf die Übung des Körpers angewendet werden können. Im Gegensatz zu dem Rat, für den Körper möglichst wenig Zeit zu verwenden, steht die Aufforderung, Tag und Nacht *(noctibus ac diebus)* den Geist zu trainieren. Asyndetisch aneinandergereiht sind die drei Vorteile einer geistigen *exercitatio*: weder Kälte, noch Hitze, noch Alter behindern sie, im Gegenteil: Dieses Gut wird durch das Alter noch besser *(vetustate fit melius)*, erneut ein paradoxer Abschluss eines Paragraphen.
§ 6 beginnt mit einer Milderung der vorhergegangenen Aufforderungen; sogleich folgt jedoch die Einschränkung: der Geist soll nicht »abschlaffen«, sondern sich nur erholen. Die Antithese *resolvatur – remittatur* wird unterstrichen durch den Gleichklang der Verben. Die Empfehlung, die Seneca gibt, scheint wiederum nicht ohne Ironie, als ernst zu nehmender Ratschlag für körperliche Übungen

kann sie nicht gemeint sein: Das Durchrütteln des Körpers in der Sänfte oder ein Spaziergang seien genug, um sich vom Bücherstudium zu erholen. Diese körperlichen »Aktivitäten« werden nicht um ihrer selbst willen betrieben, sondern sie dienen allein dem Zweck, dass der Geist neue Kräfte sammeln kann; sie werden von Seneca deshalb empfohlen, weil man sich ihnen nicht ganz zu widmen braucht, ja die Möglichkeiten einer begleitenden geistigen Tätigkeit sind vielfältig. Die Anaphern *possis ..., possis ..., possis ..., possis ...* verdeutlichen die große Auswahl, die sich anbietet. Sport um seiner selbst willen wird von Seneca abgelehnt.

Die Aussagen Senecas in diesem Brief fordern geradezu zum Widerspruch heraus. Kein Gedanke wird darauf verwendet, dass Sport Freude machen kann. Es entspricht Senecas Individualethik, dass auch die Möglichkeit, soziale Kontake beim Sport zu pflegen, völlig außerhalb der Betrachtung bleibt. Der enge Zusammenhang zwischen körperlicher und seelischer Erkrankung bzw. Gesundheit wird von Seneca nicht erwähnt; ein Blick auf die Diskussionen über Leistungssport und Doping könnte vielleicht etwas Verständnis dafür erzeugen, wie sich Seneca über die Ernährung der Sportler äußert (vgl. Textausgabe, Begleittext 5, S. 54).

Die Schwierigkeiten bei der Interpretation der **§§ 7 und 8** haben Loretto in seiner Ausgabe dazu veranlasst, eine Umstellung des Textes vorzunehmen (S. 27). Eine genaue Betrachtung der Zusammenhänge zeigt jedoch, dass der Text in sich logisch entwickelt ist. Der Einleitungssatz von § 7 schließt mit *intentionem vocis* an *legere, dictare, loqui, audire* im vorigen Paragraphen an. Die Stimmbildung wird von Seneca als spezielle Form der körperlichen *exercitatio* behandelt. Dabei geht es um einen wesentlichen Bestandteil der rhetorischen Ausbildung.

Die Zusammenstellung eines Sachfeldes zum Thema »Stimme«, »Stimmbildung« aus den §§ 7 und 8 hilft, den Aufbau der Passage zu verstehen: *Per gradus et certos modos extollere, deprimere; a clamore et a summa contentione vox tua incipiet; paulatim incitari; a sermone incipiant, ad vociferationem transeant; implorat; modo vehementius fac convicium, modo lentius; vox te hortabitur; modesta; recipies illam revocarisque, descendat, non decidat; desaeviat; exerceatur vox.* Die Auflistung zeigt, dass die beiden Paragraphen fast vollständig diesem Thema gewidmet sind. Es bleibt eine kurze Passage: *Quid si velis ... produxeris* (§ 7): Seneca lehnt zunächst ein Training der Stimme nicht ab, schließt jedoch eine systematische Stimmbildung aus; denn dies wäre ebenso unnatürlich, wie wenn jemand lernen wollte spazieren zu gehen, oder gar mit Hilfe eines Lehrers den richtigen Gang und die Kunst des richtigen Essens sich aneignen wollte *(qui gradus tuos temperet et buccas edentis observet).* Seneca nennt solche Lehrer abschätzig *quos nova artificia docuit fames.* Maßstab für den Gebrauch der Stimme muss das Natürliche, d.h. die Stimmung, sein (*naturale* § 7, *utcumque tibi impetus animi suaserit, modo vehementius ..., modo lentius, prout vox te quoque hortabitur,* § 8). Im Streit beginnt man ja auch nicht gleich mit größter Lautstärke, natürlich ist es ebenfalls nicht, sofort die Bürger von Rom um ihre Hilfe anzuflehen (§ 7). Nicht bäurisch-derb soll die Stimme gebraucht werden, sondern maßvoll (§ 8). Die Schlusssentenz von § 8 fasst zusammen und erklärt zugleich den Zusammenhang mit den zuvor besprochenen *exercitationes* des Körpers: Stimmbildung ist ebenso wenig wie

Sport Selbstzweck, beide dienen einem höheren, geistigen Zweck, sie sind nur Mittel zum Zweck. Die Paradoxie der Aussage wird unterstrichen durch das Wortspiel *exerceatur – exerceat.* Damit ist ein vorläufiger Schlusspunkt gesetzt.

Teil II

Der appellative Charakter der **§§ 9 – 11** zeigt sich an einer Reihe von formalen Elementen:

- häufige direkte Anrede des Lucilius mit Personal- bzw. Possessivpronomina der zweiten Person, Verben in der zweiten Person, Imperative (*detraxi tibi, ecce, tu existimas,* § 9; *Lucili, sis consecutus, recordare, aspexeris, te, cogita, vis, tuam, cogita, antecesseris, tibi, te ipse antecessisti,* § 10; *constitue, possis, velis,* § 11);
- fingierte Zwischenfrage des Lucilius: *inquis* (§ 9);
- zahlreiche Fragesätze, gegen Ende steigert sich die Zahl;
- Einbeziehung der eigenen Person (Possessivpronomen der ersten Person Plural, Prädikat der ersten Person Plural; *nostra, cogitamus,* § 9).

Die persönliche Anrede *detraxi tibi* markiert den Einschnitt und fasst zugleich den ersten Teil des Briefes zusammen. Obwohl Seneca Lucilius mit den Ratschlägen zuvor schon *beneficia* erwiesen hat, will er eine kleine Zugabe *(mercedula)* hinzufügen. Die genauere Untersuchung des Epikurzitats lässt den Zusammenhang zum Vorhergehenden erkennen. Seneca versteht unter einer *stulta vita* ein Leben, wie er es oben abschreckend geschildert hat: Als *stulta* bezeichnet er das Körpertraining zum Aufbau der Muskeln (§ 2); ebenso töricht ist es, die Unannehmlichkeiten, die mit dem Sport verbunden sind, zu ertragen (§ 3). Auf die gleiche Stufe damit stellt er die übertriebene Stimmbildung (§§ 7 – 8). Dieses törichte Leben ist voller Angst, weil ganz auf die Zukunft ausgerichtet *(trepida, tota in futurum fertur).* Das heißt: Das oben beschriebene Leben bringt niemals die Zufriedenheit, die ein auf den *animus* gestütztes Leben, dessen Ziel die Autarkie ist, schenken wird. Sogleich wendet Seneca den Satz Epikurs auf das Leben des Lucilius und sein eigenes an, indem er es als *stulta* bezeichnet. Die Gründe dafür, dass Seneca das Leben der Sportbesessenen, das des Lucilius und sein Leben in gleicher Weise töricht nennt, sind dieselben: Blinde Gier nach vermeintlichen Gütern *(caeca cupiditas)* und Unerstättlichkeit *(quibus, si quid satis esse posset, fuisset)*; daraus resultiert, dass niemals ein Zustand der Zufriedenheit erreicht werden kann, weil man vom Schicksal abhängt *(qui non cogitamus ... nec ex fortuna pendere).* Der Satz wirkt auch formal besonders eindringlich und anklagend: In drei Relativsätzen *(quos ..., quibus ..., qui ...),* deren Bezugswörter Seneca und Lucilius sind, werden jeweils die Gründe bezeichnet; die Aussage des letzten erhält Gewicht durch das anaphorische *quam iucundum sit ..., quam magnificum sit ...*; hiervon hängen wiederum jeweils Infinitive ab, zunächst nur einer, von *magnificum sit* zwei. Der zunehmenden Länge des Satzes entspricht der Inhalt: Es wird immer noch eine weitere negative Auswirkung des zukunftsbesessenen Lebens angehängt. Nur mit Hilfe eines auf den *animus* ausgerichteten Lebens lässt sich der glückliche Zustand erreichen, *plenum esse nec ex fortuna pendere*. Obwohl Seneca den Begriff *philosophia* in Brief 15 an keiner Stelle nennt (nur *philosophari*, § 1), ist klar, dass er mit den *exercitationes* des Geistes die Philosophie meint. Brief 16 (vgl. Textausgabe, Begleittext 2, S. 52–53) verdeutlicht dies: *plenum esse nec ex fortuna pendere* bedeutet nichts anderes als *beate vivere* (16, 1). Das glückliche Leben lässt sich nur mit der Philosophie erreichen (16, 1); denn sie allein kann Rat geben in schwierigen Situationen, indem sie das Leben lenkt. Ein furchtloses Leben ohne sie ist unmöglich (16, 3 und ebenso: *stulta vita ingrata est, trepida* 15, 9). Sie macht vom Schicksal unabhängig und schützt zugleich, indem sie lehrt, ihm unbeugsam zu gehorchen (16, 5).

Itaque schließt **§ 10** an den voraus gehenden Gedankengang an, ein »seltsames ›also‹ (...), ein voraussetzungsreiches dazu, denn es bedeutet: aller Fortschritt, den Seneca sich vom Freunde erhofft, zielt auf dies Eine, die Autarkie. Ihr ist Lucilius schon nähergekommen, wenn er ›sich selbst überholt‹ hat« (G. Maurach, Der Bau ..., S. 72). Seneca fordert Lucilius auf, seine Situation selbst zu überdenken; dies wird an der Vielzahl der indirekten Fragesätze deutlich (Einleitungen: *quam, quot, quot, quam*), die jeweils von einem Verbum abhängen, das zur Selbstbetrachtung auffordert *(recordare, aspexeris, cogita, cogita)*. Die Bilanz soll Lucilius ermutigen; der paradoxe Schlusssatz, Lucilius habe sich selbst übertroffen, verdeutlicht die Aussage. Lucilius ist auf dem richtigen Weg; denn immerhin lässt sich ein erträgliches Leben schon bei anfänglichen Bemühungen um die Weisheit erreichen (ep. 16, 1).

In **§ 11** fällt die häufige Verwendung des Konjunktivs auf: Als verneinter Potentialis bezeichnet er hier, dass es unmöglich sein soll, das fest umgrenzte Ziel zu überschreiten: *ne possis quidem, si velis*; als Iussivus fordert er auf, vermeintlich erstrebenswerte Güter davonzujagen: *discedant ... ista insidiosa bona ...* und *mittantur speciosi apparatus*; als Irrealis stellt er vor Augen, dass diese Güter niemals Erfüllung bringen werden, weil sie leer und eitel sind: *si quid in illis esset solidi, aliquando et implerent*; als Dubitativus verdeutlicht er die Sinnlosigkeit, solche Güter zu erstreben: *inpetrem, ... petam, ... petam, ... congeram, ... laborem ...*, unterstützt durch das anaphorische *quare ..., quare*, das variierend durch *in quid* fortgesetzt wird. Ebenso wie die Iussive tragen diese rhetorischen Fragen zum stark appellativen Charakter des Briefendes bei. Der Schlusspunkt wird durch eine paradoxe Sentenz gesetzt, die an *dum differtur vita, transcurrit* und *cotidie mori* (ep. 1, 2) anklingt. Es gilt, die Zeit für die wirklich wesentlichen Dinge zu nutzen und sich frei zu machen von der Angst vor der Zukunft. Auch das Thema *bona* verweist auf Epistel 1 zurück (1, 3), hier ist jedoch nur von den falschen Gütern die Rede *(insidiosa, sperantibus meliora quam adsecutis, si quid in illis esset solidi, aliquando et implerent, haurientium sitim concitant, speciosi apparatus)*.

Maurach spricht mit Recht von einer auffälligen inhaltlichen »Beschwerung« des Epilogs (G. Maurach, Der Bau ..., S. 71). In der Tat ist das Verhältnis von Gewicht der Aussage und Raum, der zu ihrer Erörterung gegeben wird, paradox: Im ersten Teil erfolgt eine ausführliche Abhandlung über die Frage der geistigen und körperlichen Gesundheit, bei deren Lektüre immer wieder sich die Frage aufdrängt, worauf dies alles hinausläuft; allein durch die provozierende Einseitigkeit wird verhindert, dass Langeweile beim Leser aufkommmt. Im zweiten Teil werden schwerwiegende philosophische Fragen in atemberaubendem Tempo angesprochen. Man muss im Unterricht der Versuchung widerstehen, alle diese Themen zu vertiefen; denn ebenso wie es eine »verengende Vertiefung« (M. v. Albrecht, S. 142) innerhalb eines Briefes gibt, werden auch Themen in dem einen Brief nur angesprochen und in dem andern vertieft. Dieses paradoxe Verhältnis zwischen Bedeutung des Themas und Umfang der Erörterung ist von Seneca beabsichtigt. Die praktischen Ratschläge stehen im ersten Teil, die Theorie wird »nachgereicht«. Dadurch zeigt sich deutlich, worauf es Seneca ankommt: Philosophische Theorie erhält ihren Sinn in der praktischen Anwendung.

In der Unterrichtspraxis stellt sich bei der Behandlung dieses relativ langen Briefes folgende Schwierigkeit ein: Für die Übersetzung und Interpretation sind bis hierhin mindestens 10 Unterrichtsstunden zu veranschlagen, bei einem Grundkurs bedeutet dies mehr als drei Wochen. Für einen Wechsel der Methode eignet sich besonders der Abschnitt über die Formen der exercitationes (§§ 3 – 8); mit Hilfe der teilweise detaillierten Fragen, die sich auf die einzelnen Paragraphen beziehen, kann der Text z.B. in Gruppenarbeit erschlossen werden, und von jeder Gruppe kann ein Beitrag zu einem gemeinsamen Tafelbild geleistet werden. Eine beigegebene Übersetzung verkürzt das Verfahren; denn der genannte Abschnitt enthält einige sprachliche Schwierigkeiten. Dennoch sind die einzelnen Paragraphen auch inhaltlich erschließbar, ohne dass übersetzt wird.

Will man am Ende des Briefes auf eine Gesamtinterpretation nicht verzichten, so kann mit dem Blick auf die Einleitungs- bzw. Schlusssätze der einzelnen Abschnitte der Inhalt in Erinnerung gerufen werden (vgl. Textausgabe, Arbeitsauftrag Nr. 14, S. 51).

Brief 15 legt das Hauptgewicht auf die Erörterung eines Lebens, in dem nicht die Beschäftigung mit dem Geist, also die Philosophie, im Zentrum steht. Die Nachteile einer Lebensweise, die dem Körper huldigt, werden drastisch vor Augen geführt. Auch der zweite Teil erwähnt nur am Rande die positiven Auswirkungen einer Beschäftigung mit Philosophie *(quam iucundum sit nihil poscere, quam magnificum sit plenum esse nec ex fortuna pendere,* § 9), betont werden hingegen die Folgen, welche ein Leben hat, das nach falschen Gütern strebt. Die positive Antwort darauf, was die Philosophie leisten kann, lässt sich jeweils erschließen, ausdrücklich wird sie in den Briefen 16 und 53 (Vgl. Textausgabe, Begleittexte 2 und 4, S. 52–54) gegeben: Sie regelt unsere Handlungen, ordnet unser Leben und lenkt es (16, 3), sie weckt uns aus dem tiefen Schlaf (53, 8), befreit von Furcht (53, 11), schützt vor dem Schicksal (16, 5) und macht dessen Macht unschädlich (53, 12), führt zu einem glücklichen Leben (16, 1) und lässt den Menschen teilhaben am Göttlichen (53, 11). Die logische Konsequenz daraus ist die völlige Hingabe an die Philosophie. Auf Widerruf zu philosophieren ist daher nicht möglich (53, 8), sie ist die Hauptsache, keine Nebensache (53, 9), ist somit auch Herrin über die Zeit (53, 10). Philosophie als einen netten Zeitvertreib für eine angenehme Unterhaltung (16, 3) oder maßvoll nur in der Jugend zu betreiben, wie es Kallikles im »Gorgias« (vgl. Textausgabe, Begleittext 3, S. 53) fordert, wird von Seneca abgelehnt. Sie beruht nicht auf Worten, sondern Handlungen (16, 3). Gerade hierin besteht der wesentliche Unterschied zwischen dem Philosophieverständnis Senecas und dem des Kallikles: Kallikles sieht den Philosophen als einen weltfremden, vergeistigten Menschen, der nicht lebenstüchtig ist, eine Auffassung, die sicherlich auch heute verbreitet ist. Ganz im Gegenteil hierzu setzt Seneca die Philosophie in die Mitte des Lebens, sie macht nicht lebensuntüchtig, sondern ermöglicht erst ein glückliches Leben, sie ist nicht bloße Theorie, sondern Praxis.

Diese Forderungen Senecas bieten Anlass, über den Philosophiebegriff, wie er heute gebraucht wird, nachzudenken. Ein Anstoß kann durch den Blick auf ein Vorlesungsverzeichnis (vgl. Textausgabe, Begleittext 6, S. 54) gegeben werden: Hier wird deutlich, dass unser Verständnis von Philosophie sich fast auf das eines Kallikles verengt hat, während die Universitäten aufgrund ihrer Tradition von einem weiten Philosophiebegriff ausgehen: Erst im 19. Jahrhundert hat sich Philosophie als eigenständiges Universitätsfach abgesondert. Bis dahin galt im Wesentlichen die Einteilung des Aristoteles, die in der Scholastik leicht verändert wurde. So erklärt es sich auch, dass Philosophie an der Schule als Unterrichtsfach eher eine untergeordnete Rolle spielt. Die meisten Schulfächer sind nach dem aristotelischen Philosophiebergiff philosophische Fächer. Sicherlich liegt bei Seneca im Vergleich zu Aristoteles insofern eine Einschränkung des Philosophiebegriffes vor, als er die Ethik in den Mittelpunkt stellt; über diesen Aspekt könnte eine reizvolle Diskussion angeregt werden: Welchen Anteil haben ethische Gesichtspunkte am Stoff der einzelnen Unterrichtsfächer? Dabei müssten nicht nur Fächer wie Religion, Ethik und Philosophie angesprochen werden, sondern vor allem auch die Naturwissenschaften. Hat sich nicht gezeigt, dass die wertfreie Wissenschaft eine Illusion ist? Hat Seneca nicht vielleicht doch recht, wenn er die Philosophie (Ethik) zur Richtschnur erklärt, an der sich alles messen lassen muss? Die Entwicklung des Philosophiebegriffes wäre ein lohnendes Thema für ein Referat oder eine Facharbeit, die auch sehr gut fächerübergreifend (Religion, Ethik, Philosophie) ausgerichtet sein könnte. Im Band »Pontes« von J. A. Mayer (Stuttgart 1970) sind zum Thema »Was ist Philosophie« wichtige Texte aus der Philosophiegeschichte zusammengestellt (Jaspers, Cicero, Augustinus, Boethius, Plato, Heidegger, Guthrie, Marx, Tertullian), sodass eine quellennahe Arbeit möglich ist.

Tafelbild und Aufstellung zu Epistel 15

valere = philosophari

§ 1

sine hoc: **ANIMUS** aeger — **CORPUS** non aliter validum quam furiosi aut frenetici

§ 2=> ergo: *Aufforderung*: **cura:**

1. hanc valetudinem — 2. illam secundam

1. Begründung: (enim) litterato viro ⟷ Stulta minime conveniens — occupatio — **EXERCENDI** lacertos, dilatandi cervicem, latera firmandi

2. Begründung:

a) nec vires opimi bovis nec pondus aequabis

b) **animus** eliditur et minus agilis est

Itaque:

Aufforderung:

animo locum laxa — circumscribe **corpus** tuum

Vertiefung des Themas im ff.:

§ 3

incommoda:

1. exercitationes → spiritum exhaurit inhabilem intentioni ac studiis acrioribus reddit

2. copia ciborum → subtilitas inpeditur

3. pessimae notae mancipia

§ 4 **Ratschlag:**

exercitationes:

cursus et manus motae et saltus vel ille, qui ... vel ille, qui ..., vel ille ... saliaris aut ... fullonius → **Vorteile:** **faciles et breves**

§ 5

redi a corpore → ad animum

\+ labore modico alitur

\+ hanc **EXERCITATIONEM** non frigus, non aestus impediet, ne senectus quidem

\+ vetustate fit melius

(animus) | **(corpus)**

§ 6 intervallum:

studio non officit ← + gestatio

possis legere, ... ← + ambulatio

dictare, ... loqui, ...

audire →

§ 7 + intentionem vocis

Einschränkung:

- naturale

§ 8

- utcumque tibi impetus animi suaserit
- modesta
- (non) rustico more.

Erneute Vertiefung des Themas aus §§ 1/2

§ 9 stulta vita:

- ingrata
- trepida
- tota in futurum fertur

= *nostra:*

- *quos* caeca cupiditas ... praecipitat,
- *quibus* si quid satis esse posset, fuisset,
- *qui* non cogitamus:

  quam iucundum sit nihil poscere

  quam magnificum sit

  - plenum esse
  - **nec** ex fortuna pendere

§ 10 => 1. *Ratschlag:*

quam multa sis consecutus, recordare

§ 11 2. *Ratschlag:*

finem constitue

3. *Ratschlag:*

discedant insidiosa bona:

- sperantibus meliora quam adsecutis
- si quid in illis esset solidi, aliquando et implerent
- haurentium sitim concitant
- quod futuri temporis incerta sors volvit.

Ecce hic dies ultimus est; ut non sit, prope ab ultimo est.

Epistel 23

Gliederung

Teil I (§§ 1 – 8)

1. Abschnitt: *Putas me* (§ 1) – *culmen est* (§ 1): Themenstellung: keine Banalitäten, sondern Bewahrung vor falscher Freude.
2. Abschnitt: *Ad summa pervenit* (§ 2) – *in eo perseverandum* (§ 8): wahre Freude – falsche Freude; ihre Unterscheidung und ihre Auswirkungen.

Teil II (§§ 9 – 11)

Hic est locus (§ 9) – *Vale* (§ 11): Folgen eines Lebens, das immer neu beginnt, weil es auf falscher Freude aufbaut.

Interpretation und methodische Vorschläge

Ein flüchtiger Blick auf die ersten Paragraphen des Briefs genügt, um das Thema festzustellen: Das Wortfeld »Freude« bestimmt den ersten Teil. Die Sentenzen, die in den §§1 – 4 ins Auge fallen (*disce gaudere*, § 3; *verum gaudium res severa est*, § 4) zeigen den Aspekt, unter dem Seneca dieses Thema behandelt: Das vordergründige Verständnis von Freude soll beiseite geräumt werden *(verum gaudium = res severa)*; mit Hilfe eines rationalen Zugangs *(disce gaudere)* wird der Begriff neu definiert. Von dem Brief darf man also eine Antwort auf die Frage »Was ist wahre Freude?« erwarten.

Ein auffallendes stilistisches Element im ersten Teil des Briefes ist die Vielzahl der Fragesätze. Die Prädikate stehen dabei meist in der zweiten Person Singular, häufig sind Verben des Glaubens, Meinens und Fragens: *putas, quaeris* (§ 1), *existimas* (§ 3), *an tu existimas* (§ 4), *interrogas* (§ 7). Seneca bezieht Lucilius als Gesprächspartner mit ein, er legt ihm Meinungsäußerungen bzw. Fragen in den Mund. Die Antworten werden meist pointiert eingeleitet: *ego vero ... scribam, ne gaudeas* (§ 1), *immo contra nolo* (§ 3), *(quid est autem hoc »de tuo«?) te ipso et tui optima parte* (§ 6), *dicam* (§ 7). Seneca erreicht Lebendigkeit, indem er den Eindruck eines Dialogs vermittelt. Der stark paränetische Charakter des Briefes wird ferner durch die aus den vorigen Briefen hinreichend bekannten Mittel Aufforderung / Befehl (*ne gaudeas vanis*, §1; *hoc ante omnia fac, mi Lucili: disce gaudere*, § 3; *mihi crede*, § 4; *fac ... dissice et conculca ... specta ... gaude*, § 6; *crede*, § 6; *constituendum est ... perseverandum*, § 8; *id agendum est*, § 10.), pointenhafte Sentenzen mit oft paradoxem Charakter (letztere vor allem am Ende des Briefes), Einbeziehen der eigenen Person (häufige Verwendung der ersten Person Singular durch den ganzen Brief hindurch) und direkte Anrede des Briefpartners (durch Verwendung der zweiten Person Singular und namentliche Anrede: *mi Lucili*, § 3; *Lucili carissime*, § 6) erreicht.

Diesem Gesamteindruck entspricht auch der Auftakt des Briefes **(§ 1)**: Seneca weist es zunächst weit von sich, Lucilius über das Wetter oder andere Banalitäten *(ineptias)* schreiben zu wollen; die dreimalige anaphorische Einleitung der indirekten Fragesätze mit *quam* hebt die Bedeutungslosigkeit solcher Themen hervor. Dagegen grenzt *ego vero* (§ 1) die Absicht des Briefs scharf ab: Etwas, was nützen kann, ist das Thema. Dieses Etwas *(aliquid)* wird durch *quid autem* sogleich aufgenommen und definiert: *te exhorter ad bonam mentem; huius* schließt unmittelbar an *bona mens* an und führt zum Hauptthema *ne gaudeas vanis*, das nicht nur als Grundlage, sondern auch als Höhepunkt bezeichnet wird. Seneca führt zum Thema des Briefes in der Kette *prodesse – id – exhorter ad bonam mentem – huius – fundamentum* – **ne gaudeas vanis** – *fundamentum hoc – culmen*. Die Sätze werden dabei jeweils kürzer, bis das Thema erreicht ist: *ne gaudeas vanis; culmen est* unterstreicht pointiert die zentrale Bedeutung dieser Aufforderung und schließt den Paragraphen ab.

Der Hauptteil des Briefes **(§§ 2 – 8)** ist von dem Gegensatz wahre – falsche Freude bestimmt (s. Tafelbild). Für die wahre Freude verwendet Seneca die Begriffe *gaudium* bzw. *verum gaudium* (§ 3 und öfter) sowie *felicitas* (§ 2) und *laetitia* (§ 3), während für die falsche Freude eine ganze Reihe von Ausdrücken stehen kann: z.B. *multas voluptates, dulcissima oblectamenta, ceterae hilaritates* (§ 3), *voluptatem, invecticium gaudium* (§ 5), *voluptates* (§ 6). Falsche Freude beruht auf Zufälligkeiten, Hoffnungen, Vergnügungen, zeigt sich in einem äußeren Lachen (§ 3), sie ist oberflächlich, kommt von außen, hat keine feste Grundlage (§ 5), sie glänzt äußerlich, wird von einem anderen Menschen, durch Materielles verschafft, beruht auf Körperlichem und ist deshalb kurz (§ 6), sie entstammt einem Leben, das sich treiben lässt vom Zufall und dem Wunsch nach ständiger Veränderung (§ 7). Die Folgen der falschen Freude sind: Man wird unruhig, ist sich seiner selbst nicht sicher (§ 2); die falschen Freuden verschaffen keine Erfüllung, glätten höchstens die Sorgenfalten, begleitet von einem Lächeln (§ 3), man muss sie schnell bereuen, ja, wenn man sich nicht mäßigt, schlagen sie in Schmerz um (§ 6), sie gestalten das Leben unstet und unruhig (§ 7), führen dazu, dass der Mensch mitgerissen wird (§ 8).

Richtige Freude beruht auf Wissen, gibt das Leben nicht in fremde Macht (§ 2), wird im Menschen selbst geboren, ist Freude über den Geist (§ 3), somit eine ernste Sache, die befähigt, den Tod zu verachten, in Bescheidenheit zu leben, die Begierden zu zügeln, das Ertragen von Schmerzen einzuüben; einmal gefunden, bleibt sie dauernder Besitz (§ 4), sie liegt nicht an der Oberfläche, wird aber immer größer, wenn man nach ihr forscht, ist zuverlässig, im Innern des Menschen (§ 5), sie stammt aus dem besten Teil des Menschen, dem wahren Gut, das Streben nach ihr ist sicher (§ 6), sie beruht auf einem guten Gewissen, ehrenhaften Vorsätzen, richtigen Handlungen, der Verachtung alles Zufälligen, einem festen Lebensplan (§ 7), nur wenige erreichen sie, weil nur wenige ihr Leben nach einem Plan ordnen und dabei verharren, was sie als ihren Willen festgestellt haben (§ 8).

Wichtigstes Merkmal der falschen Freude ist, dass sie von außen kommt, also fremdbestimmt ist, richtige Freude hingegen beruht auf Selbstbestimmung (im Tafelbild kursiv), indem sie dem Geist des Menschen selbst entspringt.

Teil II **(§§ 9 – 11)** ist von den beiden Wortfeldern »Anfang« und »Ende« bestimmt; Anfang: *inchoare, incipiunt* (§ 9), *incipit, orditur* (§ 10), *incipiunt, inciperent* (§ 11) – Ende: *stare paratus ad mortem* (§ 10), *desinendum est, desierunt* (§ 11). Das Leben immer neu zu beginnen ist lästig, oder, wie das zweite Epikurzitat nur wenig variierend sagt, lässt den Menschen nur schlecht leben. Diese Sätze Epikurs fassen kurz zusammen, was Seneca in den §§ 2 bis 8 über die Auswirkungen der falschen Freude gäußert hat: Solch ein Mensch ist voll Unruhe (*sollicitus, incertus sui,* § 2), weil er stets von einem neu gefassten Vorsatz zum nächsten springt (*ex aliis propositis in alia transiliunt,* § 7); für einen, der sein Leben immer neu beginnt, gibt es nichts Verlässliches, nichts Bleibendes, er irrt unstet durch die Welt (*quomodo habere quicquam certum mansurumve possunt suspensi et vagi,* § 7), er bindet sein Glück nicht an die wahren Güter des Geistes (*animus ... alacer et fidens et supra omnia erectus,* § 3), deshalb erreicht er auch nicht das Ziel *stare paratus ad mortem* (§ 10) und *mortem contemnere* (§ 4). Der erste Teil des Briefes schloss mit der dezidierten Aufforderung *constituendum est, quid velimus, et in eo perseverandum; semper vitam inchoare* ist eine Lebenshaltung, die dieser Aufforderung diametral zuwiderläuft. Das Ziel, sagen zu können *satis vixi* (§ 10), ist nur zu erreichen, wenn das Leben von der oben geschilderten richtigen Freude getragen ist.

Die beiden paradoxen Sentenzen am Ende des Briefes **(§ 11)** fassen diese Aussage zugespitzt zusammen: 1. »Einige beginnen dann erst zu leben, wenn man aufhören muss« und 2. »Einige haben schon aufgehört zu leben, bevor sie zu leben begonnen haben«. In der ersten Sentenz ist mit »beginnen zu leben« gemeint: beginnen, ein Leben zu leben, das von der richtigen Freude geprägt ist. Für sie kommt diese Erkenntnis zu spät, ihr Leben ist schon zu Ende. Die zweite Sentenz dreht zwar *incipere* und *desinere* um, drückt jedoch das Gleiche aus: »Einige sind schon gestorben, ohne jemals mit dem wahren Leben begonnen zu haben«.

Richtige Freude entsteht aus dem Menschen selbst (*domi nascitur, intra te ipsum fit,* § 3), aus seinem *animus* (§ 3), dem Wahren, dem Deinen, dem besten Teil von dir (§ 6), alles, was von außen kommt, muss zerstreut und zertreten werden (*dissice et conculca ista, quae extrinsecus splendent,* § 6), weil es den Menschen an der wahren Freude, an seinem eigentlichen Glück hindert; d.h., jeder Mensch kann sich glücklich machen (*unusquisque facere se beatum potest, ad matrem Helviam,* 5, 1; vgl. Textausgabe, Begleittext 1, S. 55), wenn er sich auf sich selbst verlässt und in sich jede Freude sucht (*laboravit enim semper, ut in se plurimum poneret, ut a se omne gaudium peteret, ad matrem Helviam,* 5, 1). Bütler spricht daher davon, dass die Stoa zur Selbsterlösung aufruft. Dies ist auch ein wesentlicher Unterschied zum Christentum: »Was dem Christen als Ungeheuerlichkeit erscheinen mag, erklärt sich hier als selbstverständliche und notwendige Konsequenz aus dem philosophischen Problemansatz: Weil dieser vollkommen *anthropozentrisch* ist, weil als Ziel die Freiheit des Individuums angestrebt wird, muss alles fernbleiben, was nicht aus eigener Kraft bedingungslos erreichbar ist. Eine Erlösung, die nicht Selbsterlösung ist, wäre für Seneca unerträgliche Knechtschaft« (H. – P. Bütler / H. J. Schweizer, S. 53).

Ein Vergleich mit Begleittext 2 (Textausgabe, S. 55–56) hilft, die Aussage dieses Briefes zu verstehen. Es gibt deutliche Parallelen zwischen der von Erich Fromm

dargestellten Existenzweise des Seins und Habens einerseits und einem Leben in richtiger bzw. falscher Freude, wie es Seneca beschreibt, andererseits. Die Existenzweise des Habens ist geprägt von Angst und Unsicherheit (vgl. *sollicitus est et incertus sui*, § 2); das, was man hat, verringert sich durch Gebrauch, die Gefahr des Verlustes wohnt dem Haben inne (der Gegenstand der falschen Freude hat keine feste Grundlage, bringt nur ein kurzes Vergnügen, §§ 5 und 6). Bei der Existenzweise des Seins ist mein Zentrum in mir selbst (vgl. *domi nascitur, intra te ipsum fit, animus alacer et fidens et supra omnia erectus*, § 3; *de tuo gaude, te ipso et tui optima parte*, § 6 und Textausgabe, Begleittext 1, S. 55). Das Sein nimmt durch die Praxis zu, alle wesenseigenen Kräfte (Vernunft, Liebe, künstlerisches und intellektuelles Schaffen) wachsen, indem man sie ausübt; dies entspricht Senecas permanenter Aufforderung an Lucilius, in seinem Bemühen um Vervollkommnung des Geistes nicht nachzulassen. Beharrliches Forschen nach den wahren Gütern wird mit immer reicherem Schatz belohnt (*adsidue plenius responsura fodienti*, § 5). Bereits beim Bemühen um einen vollkommenen Geist entsteht Freude über diesen Fortschritt (ep. 4,1 und 2). Fromm sieht in den Kräften der Vernunft, der Liebe, des künstlerischen und intellektuellen Schaffens wesenseigene Kräfte des Seins. Bei Seneca spielen die Liebe und das künstlerische Schaffen – zumindest in den Schriften – keine Rolle, er legt einseitig das Gewicht auf die Ausbildung der *ratio* bis hin zu der Forderung, rational den Tod einzuüben und damit zu überwinden und den Schmerz zu besiegen (*mortem contemnere, meditari dolorum patientiam*, § 4). Fromm hingegen betrachtet in einer Sicht des menschlichen Lebens, die uns realistischer erscheinen mag, extreme Situationen wie Krankheit mit unerträglichen Schmerzen und Folter als Lebenslagen, in denen der Mensch seines Seins beraubt ist, eine Beurteilung, die Seneca gewiss nicht teilen würde. Epistel 24 behandelt solche Grenzsituationen.
Die anthropozentrische Weltsicht und die damit verbundene Selbsterlösungslehre Senecas im Gegensatz zur christlichen Lehre könnte ein Thema für die Weiterbeschäftigung sein. Als einführende Literatur eignet sich der Abschnitt »Die Stoa im Kontrast zum Christentum« im genannten Buch von Bütler/Schweizer, S.50 – 53.

Tafelbild und Aufstellung zu Epistel 23

Am ersten Teil des Tafelbildes (§ 1) kann Senecas Darstellungstechnik gut erläutert werden; der zweite Teil (§§ 2 – 8) stellt den Text in aufzählender Form dar, er kann parallel zum Übersetzen oder auch bei der Beantwortung der Frage Nr. 4 (Textausgabe, S. 55) z.B. als Ergebnis einer Gruppenarbeit entstehen; der dritte Teil (§§ 9 – 11) soll den Zusammenhang der beiden Briefteile aufzeigen.

§ 1 **Hinführung zum Thema**

Abgrenzung:	scribam:
hiems, ver, ◄──► **Ego vero** alias ineptias (quam, quam, quam)	aliquid quod et mihi et tibi prodesse possit Quid id erit exhorter ad **bonam mentem** huius fundamentum?

Thema des Briefes:	**ne gaudeas vanis**

hoc = fundamentum = culmen

	§§ 2 / 8 falsche Freude:	**richtige Freude:**
§ 2	– sollicitus est et incertus sui, quem *spes aliqua proritat*	– ad summa pervenit, qui scit, quo gaudeat, qui *felicitatem suam in aliena potestate non posuit*
§ 3	– multas voluptates – fortuita – spes – dulcissima oblectamenta – ceterae hilaritates non implent pectus; frontem remittunt, leves sunt, nisi forte tu iudicas eum gaudere, qui ridet	– laetitia – *domi* nascitur – *intra te ipsum* fit – *animus* alacer et fidens et supra omnia erectus
§ 4		– verum gaudium = res severa – mortem contemnere – paupertati domum aperire – voluptates sub freno tenere – meditari dolorum patientiam – in magno gaudio est, sed parum blando – numquam deficiet
§ 5	– levium metallorum fructus in summo est – haec, quibus delectatur vulgus, tenuem habent ac perfusoriam	– in alto latet vena adsidue plenius responsura fodienti – solidum est et, *quod plus pateat introrsus*

	voluptatem, et, quodcumque *invecticium gaudium* est, fundamento caret	
§ 6	– quae *extrinsecus splendent*, quae tibi *promittuntur ab alio vel ex alio* – corpusculum magis necessariam rem crede quam magnam; vanas suggerit voluptates, breves, paenitendas ac ... in contrarium abituras	– ad verum bonum specta et *de tuo gaude, te ipso et tui optima parte*
	– in praecipiti voluptas stat, ad dolorem vergit	– veri boni aviditas tuta est
§ 7	– illi, qui ex aliis propositis in alia transiliunt aut ne transiliunt quidem, sed *casu quodam transmittuntur*, quomodo habere quicquam certum mansurumve possunt suspensi et vagi	– ex bona conscientia, ex honestis consiliis, ex rectis actionibus, ex contemptu fortuitorum, ex placido vitae et *continuo tenore unam prementis viam*
§ 8	– ceteri: eorum more, quae fluminibus innatant, non eunt sed *feruntur; ex quibus alia lenior unda detinuit ac mollius vexit, alia vehementior rapuit, alia proxima ripae cursu languescente deposuit, alia torrens impetus in mare eiecit.*	– pauci: consilio *se suaque disponant* – *constituendum est, quid velimus, et in eo perseverandum.*

	falsche Freude:	**richtige Freude:**
§ 8		constituendum est, quid velimus, et in eo **perseverandum**
§ 9	= **vitam inchoare:** ◄——►	*Gegenbild: »richtiges« Leben*
	– molestum	
	– male vivunt	
	quia: ↑	
§ 10	– inperfecta vita est	

– non potest stare
paratus ad mortem   *Ziel*: satis **vixerimus**

§ 11 Resumee:

1. Quidam vero tunc incipiunt,
cum desinendum est
2. quidam ante **vivere** desierunt,   **(VIVERE)**
quam inciperent

Epistel 24

Gliederung

Teil I (§§ 1 – 21):

1. Abschnitt: *Sollicitum esse* (§ 1) – *denuntiat* (§ 1): Ausgangspunkt: Lucilius' bange Sorge wegen einem Prozess.
2. Abschnitt: *existimas* (§ 1) – *quod metuis* (§ 2): Methoden, die Furcht geistig zu überwinden.
3. Abschnitt: *Nec diu exempla* (§ 3) – *eligendi sunt* (§ 3): Vorbilder als Hilfe auf diesem Weg.
4. Abschnitt: *Damnationem suam Rutilius* (§ 4) – *mala sua morte praeciderint* (§ 11): Vorbilder für Unerschrockenheit gegenüber Verbannung, Gefängnis, Verbrennung, Tod.
5. Abschnitt: *Mihi crede* (§ 11) – *ferre non possum* (§ 14): Geistige Vorbereitung auf Tod und Schmerz durch deren Demaskierung
6. Abschnitt: *Haec in animo voluta* (§ 15) – *quasi futurum cogitemus* (§ 15): Mahnung an Lucilius, diese Gedanken auch in der Lebenswirklichkeit anzuwenden.
7. Abschnitt: *Quod facere* (§ 16) – *desinam mori posse* (§ 17): Verallgemeinerung und Enttabuisierung als Weg zur Überwindung der Zunkunftsangst.
8. Abschnitt: *Non sum tam ineptus* (§ 18) – *summota sunt* (§ 18): Vertiefung des Themas »Tod«: Ende oder Befreiung?
9. Abschnitt: *permitte mihi* (§ 19) – *non solam* (§ 21): Tod als täglicher Prozess.

Teil II (§§ 22 – 26):

1. Abschnitt: *video, quo spectes* (§ 22) – *cogantur ad mortem* (§ 23): Falsch motivierte Todessehnsucht.
2. Abschnitt: *quidquid horum tractaveris* (§ 24) – *ne nimis oderimus* (§ 24): Richtige geistige Haltung gegenüber Leben und Tod.
3. Abschnitt: *etiam cum ratio* (§ 24) – *vale* (§ 26): Der stoische Weise im Konflikt zwischen Widerstand und Nachgeben gegenüber der Todessehnsucht, die aus dem Überdruss an der Monotonie menschlicher Existenz resultiert.

Interpretation und methodische Vorschläge

Das Thema des Briefes 24 wird markant an die erste Stelle gesetzt: *sollicitum esse.* Den Leser erwartet keine philosophische Abhandlung über die Ursache der inneren Unruhe und Sorge, sondern Seneca gibt einen *epistularum commercium* vor, wie er in Brief 38 beschrieben wird. *scribis* weist auf ein Schreiben des Lucilius hin, und Seneca versetzt sich in die Gedanken des Lucilius über das, was Seneca selbst ihm wohl raten wird: *existimas me suasurum.* Die urbane Einleitung lässt einen engen Brief- und Gedankenaustausch zwischen Lucilius und Seneca vermuten. Der Anlass für Lucilius' Unruhe wird mit *iudici eventu* bezeichnet; dass es dabei nicht um einen harmlosen Prozess ging, darauf deutet das Wort *denuntiat* (§ 1) ebenso hin wie die erneute besorgte Aufnahme des Themas in § 12. Vielleicht ist an eine lebensgefährliche Anklage, z.B. an einen Majestätsprozess, zu denken; diese Theorie wird durch die weitere Thematik des Briefes (Furcht vor dem Tod, Selbstmord) unterstützt. Bei der Interpretation des Briefes muss die ständige Bedrohung, der das Leben vieler führender Personen unter der Herrschaft Neros ausgesetzt war, berücksichtigt werden (vgl. Textausgabe, Begleittexte 1und 2, S. 57 und 59).

Der Ratschlag, den man in solchen Situationen seinem Freund zu geben geneigt ist, »es wird schon gut ausgehen« *(meliora proponere, adquiescere spei blandae)*, wird von Seneca zunächst nicht abgelehnt, auch wenn das Attribut *blandae* auf sein Urteil hindeutet. In § 12 kommt Seneca nochmals auf dieses Thema zurück: *quod aequissimum est, spera.* Warum soll die Gegenwart auch durch die Angst vor dem, was nur vielleicht kommen wird, verdorben werden (§ 1)? Der Gleichklang *quia quandoque* unterstreicht die Aussage, dass die Dinge, vor denen man Angst hat, nur möglicherweise und irgendwann einmal in der Zukunft eintreffen könnten.

Sed ego **(§ 2)** weist den Leser abrupt auf einen anderen Weg hin, um den es Seneca in diesem Brief geht. Das Ziel *(securitas)* und Lucilius *(te)* werden umrahmt von *alia ... via*; auf diesem Weg will Seneca Lucilius jede Sorge nehmen: das Homoioteleuton *omnem sollicitudinem* unterstreicht den Anspruch, dass es um eine grundsätzliche Befreiung von der *sollicitudo* geht. Die Paradoxie, die in der Empfehlung liegt, gerade das sich mittels des *animus* auszumalen, wovor man Angst hat, wird durch die Wortstellung unterstützt: *quiquid vereris, ne eveniat, eventurum utique propone.* Auf das Ausdenken eines möglichen *malum* hat die Prüfung, was an ihm tatsächlich schlimm ist, zu folgen, und schließlich muss die Angst, die vor diesem *malum* entstanden ist, auf ihre Berechtigung hin untersucht werden. In drei Schritten wird der Leser vom Allgemeinen zum Speziellen geführt: *quiquid vereris, ... propone; quodcumque ... illud malum, ... metire; timorem tuum taxa.* Die kürzeste Aufforderung steht am Ende, die Alliteration verstärkt die Wirkung. Bei der Beurteilung der eigenen Furcht können Vorbilder helfen. Für die hier **(§ 3)** genannten Grenzsituationen Verbannung *(exilium)*, Gefängnis *(carcer)*, Verbrennung *(uri)* und Tod *(perire)*, die Lucilius im äußersten Fall drohen können, und deren Bewältigung führt Seneca in den folgenden Paragraphen **(§§ 4 – 11)** *exempla* aus der Geschichte Roms an. Der fingierte Einwurf *Decantatae, in-*

quis ... (§ 6) markiert den ersten Einschnitt nach den *exempla* Rutilius, Metellus, Sokrates und Mucius (§§ 4 – 5), die Anrede an Lucilius *non in hoc exempla ... congero ..., ut* ... leitet nach der ausführlichen Darstellung Catos (§§ 6 – 8) zu Scipio (§§ 9 – 10) über und am Ende dieser Reihe steht eine erneute Anrede an Lucilius *non revoco te* (§ 11); sie will den Leser auf die große Zahl der *exempla* in der Gegenwart lenken, deren Namen nicht erwähnt sind. Die namentliche Anrede an Lucilius (*mihi crede, Lucili,* § 11) markiert den Einschnitt.
Am Anfang der Beispiele aus der Geschichte stehen Menschen, die (nur) die Verbannung erlitten, die letztgenannten Personen wählen den Freitod. Allen Vorbildern ist die Freiwilligkeit ihres Handelns gemeinsam: Rutilius **(§ 4)** zog es vor, in die Verbannung zu gehen statt sich vor einem Gericht, das voreingenommen ist, zu verteidigen; Metellus wählte das gleiche Geschick, um seiner Überzeugung treu bleiben zu können; Sokrates hat den Menschen die Furcht vor Gefängnis und Tod genommen, indem er sich weigerte zu fliehen. Dieses Ziel wird in Platons Dialog »Kriton« nicht genannt, bei Platon steht vielmehr das Motiv im Vordergrund, dass Sokrates kein Unrecht begehen wollte. Senecas Deutung steht im Dienst der Intention, die Furcht vor Gefängnis und Kerker auf ihre Berechtigung hin zu untersuchen. In dem klassischen Beispiel für altrömische *virtus* Mucius Scaevola **(§ 5)** stellt Seneca wiederum die Freiwilligkeit heraus (*te faciente, spectator, voluerat*; § 5). Scaevola war in keiner Weise philosophisch gebildet, hatte also nicht die Möglichkeit, Tod und Schmerz geistig zu bewältigen, die Lucilius besitzt. Der paradoxe Schlusssatz *facilius Porsina ... occiderat* unterstreicht die Entschlossenheit, mit der Mucius Schmerz und Tod gegenübertrat.
Der fingierte Einwurf *decantatae, inquis* ... **(§ 6)** nimmt die Reaktion des Lucilius auf solche »Ladenhüter« wie Mucius Scaevola vorweg, eine Reaktion, die zumindest auf der Lehrerseite der heutigen Leser Verständnis finden wird; doch Seneca beharrt gerade auf diesen Beispielen: Der Freiheitswille eines Cato, der sich nach dem Sieg Caesars das Leben nahm, steht im Mittelpunkt der *exempla*; ihm widmet Seneca auch den meisten Raum **(§§ 6 – 8)**. Rutilius war Anhänger der Stoa, und Cato galt den Stoikern als Inbegriff des stoischen Weisen.
Vorbilder können dadurch entmutigen, dass sie für den »Normalsterblichen« unerreichbar scheinen. Seneca nennt deshalb mit Scipio einen Mann, der durchaus nicht frei von Schwächen war **(§ 9)**, der aber im entscheidenden Augenblick, als die Niederlage gegen Caesar offensichtlich war, den Mut zum Selbstmord hatte. Scaevola, Cato und Scipio traten für die republikanische Freiheit ein; Seneca nimmt hier deutlich Stellung: Die Aufzählung dieser Helden musste Missfallen bei Kaiser Nero erregt haben. Die letzte Gruppe der *exempla* nimmt Seneca aus der Gegenwart: Er spricht von *plurimi*, Leute jeden Standes, jeden Vermögens und jeden Alters **(§ 11)**. Die Leser wussten, dass Seneca die Opfer von Tigellinus' und Neros Hass meinte. Sie trieben unzählige Menschen in den Selbstmord, wie uns Tacitus berichtet.

Auch wenn Thrasea Paetus (vgl. Textausgabe, Begleittext 1, S. 57–59) etwa ein Jahr nach Seneca starb, hilft die Schilderung des Tacitus doch zu verstehen, an welchen Personenkreis Seneca bei seinen Andeutungen in § 11 dachte. Tacitus berichtet in seinen letzten Büchern der Annalen über viele Morde bzw. erzwunge-

ne Selbstmorde von Stoikern, am ausführlichsten über Thraseas Schicksal. Vielleicht ist Lucilius an einen ähnlichen Ankläger wie Thrasea geraten; sicher sah jedoch Seneca sein Leben in steter Bedrohung durch die Ankläger Neros oder Nero selbst. Tacitus' Bericht über Senecas Rückzug aus der Politik und seinen Tod (vgl. Textausgabe, Begleittext 2, S.68–70) zeigt deutliche Parallelen zum Ende des Thrasea. Der Vergleich zwischen Caesar – Cato einerseits und Nero – Thrasea andererseits (Annales 16, 22) zeigt uns, wie die Rolle Catos in neronischer Zeit gesehen wurde. Wenn Seneca hier Cato als *exemplum* dem Lucilius vorhält, begibt er sich damit in Opposition zu Nero. Die letzten Worte Thraseas sind fast ein Kommentar zu unserer Senecastelle: Auch Seneca will die Unerschrockenheit des Lucilius gegenüber dem Tod durch Vorbilder stärken. Die geistige Vorbereitung in Brief 24 gilt jedoch viel mehr noch Seneca selbst: Nach Tacitus (Annalen, 15, 64) ahmte Seneca Sokrates' Todesart nach, indem er den Schierlingsbecher trank. So hat das Vorbild des Sokrates, wie Seneca es in § 4 beschreibt, ihm selbst tatsächlich die Furcht vor dem Tod genommen.
Mit der Anrede *mihi crede, Lucili* leitet Seneca zu einem Abschnitt mit stark appellativem Charakter (**§ 11** *mihi crede ...* – **§ 17**) über; dies lässt sich schon durch formale Beobachtungen feststellen: Zahlreiche Imperative: *crede* (§ 11); *audi, spera, compara, memento* (§ 12); *tolle, pone, iube* (§ 14); *voluta, proba* (§ 15); *abduc, dic* (§ 16); ferner Gerundiva: *timenda non est, timendum sit* (§ 11); *demenda est et reddenda* (§ 13); *exsurgendum sit* (§ 16); es wird überwiegend die zweite Person Singular verwendet; die Sätze sind zumeist von eindringlicher Kürze und häufig nicht miteinander verbunden (Asyndeta).
Die Appelle werden durch eine Reihe weiterer stilistischer Mittel verstärkt: Die paradoxe Sentenz *adeo mors timenda non est, ut beneficio eius nihil timendum sit* (§ 11) unterstreicht die Aufforderung an Lucilius, den Tod auch als Befreiung von aller Furcht zu sehen; das Polysyndeton **et**, *quod aequissimum est, spera* **et** *ad id te, quod est iniquissimum, compara* (§ 12), weist den Leser darauf hin, dass er beide Wege, den Tod geistig zu bewältigen, begehen soll; dieselbe Funktion hat die Anapher *quod ..., quod ...* Der Ausdruck *illi, quos amant, quibus adsueverunt, cum quibus ludunt* **(§ 13)** bezeichnet die Menschen, die uns eigentlich vertraut sein müssen; der Gleichklang der Relativpronomina, die jeweils länger werdende Relativsätze einleiten, betont das enge Verhältnis zu diesen Menschen, das im Gegensatz zur Furcht steht, die durch eine Maske hervorgerufen wird; das Homoioteleuton *dem*__enda__ ... *redd*__enda__ (§ 13) hebt die Notwendigkeit der Demaskierung hervor.
§ 14 ist gekennzeichnet durch viele rhetorische Fragen; sie wirken besonders eindringlich durch die *quid* – Anapher und die direkte Anrede an *mors* und *dolor* (personifiziert); auf die rhetorischen Fragen folgt jeweils ein Imperativ. Der Satz *quid singulis articulis singula machinamenta, quibus extorqueantur, aptata* ist besonders kunstvoll aufgebaut: das Prädikat *explicas* ist ausgelassen (Ellipse); für die einzelnen Glieder werden einzelne Marterwerkzeuge eingesetzt (*singulis ... singula*: Paronomasie), die Satzstellung versucht, das Ausrenken der Glieder nachzuahmen: *singulis articulis* ist als Objekt abhängig von dem weit entfernten *aptata* und gleichzeitig Subjekt im Relativsatz *quibus extorqueantur*, von dem es durch *singula*

machinamenta getrennt ist, das wiederum von *aptata* durch den Relativsatz gesperrt ist (mehrfache Hyperbata). Die Aussage, dass Tod und Schmerz für alle gleich sind und dass es keinen Unterschied gibt zwischen einem Schmerz durch Folter und Schmerzen, die durch Gicht, Magenkrankheit und Geburtswehen hervorgerufen werden, findet ihre formale Entsprechung in den anaphorischen Einleitungen *mors es,* **quam**, ... **quam** bzw. *dolor es,* **quem** ..., **quem** ..., **quem** ... Die Schlusssentenz von §14 erhält durch die Paronomasie *levis – brevis* besonderes Gewicht. Die Reihe der Anaphern wird in **§ 15** fortgesetzt: *saepe audisti, saepe dixisti; an vere audieris, an vere dixeris;* dabei spielt Seneca mit den Formen von *audire* und *dicere*, um Lucilius deutlich zu machen, dass es nicht bei einem bloßen theoretischen Hören und Sagen bleiben darf, sondern dass es darauf ankommt, in der Lebenspraxis Hören und Sagen auch umsetzen zu können. Aufrüttelnd wirken *quid?* und die folgende harte Anrede *tu;* d.h. Lucilius muss sich die bohrende Frage gefallen lassen, ob seine philosophischen Reden bislang nur Theorie waren und er nun *(nunc ..., nunc ..., nunc ...)* zum ersten Mal merkt, dass dies alles auch durch die Wirklichkeit erprobt werden kann.

fiam ..., fiam ..., alligabor ..., moriar ... bezeichnen in **§ 17** jeweils kurz die Situationen, in die man geraten kann, die Antworten sind ebenfalls kurz und einprägsam; kunstvoll wird die Behauptung, der Mensch sei an den Körper durch die Natur gefesselt, durch das Hyperbaton **ad hoc** *me natura* **grave** *corporis mei* **pondus** *adstrinxit* abgebildet. Der Satz *desinam aegrotare posse, desinam alligari posse, desinam mori posse* setzt auch durch die Form einen Schlusspunkt. Die Paradoxie wird bis zur Aussage gesteigert *moriar, (id est) desinam mori posse.*

Trotz der zahlreichen paränetischen Elemente in diesem Abschnitt spricht Seneca nicht als Lehrmeister, der weit über seinem Schüler steht, er bezieht sich selbst mit ein (*nobis*, §§ 13 und 15; *nos*, § 15; *cogitemus*, § 15), bezeichnet auch sich als einen etwas größeren Jungen *nobis ... maiusculis pueris* (§ 13), der vor vertrauten Menschen Angst hat, wenn diese nur eine Maske tragen; Seneca äußert Lucilius gegenüber die Gewissheit, dass dieser seine Ermahnungen längst befolgt hat (*quod facere te moneo, scio certe fecisse*, § 16). In § 14 vertauscht er die Rollen: Er selbst ist nun derjenige, dem man mit Folter und Tod droht; Lucilius übernimmt die Rolle des *Advocatus diaboli*, der Seneca das vor Augen führt, was ihm bevorstehen könnte. Seneca reagiert mit Ratschlägen und Aufforderungen, die sich ebenso an ihn selbst richten wie an den Leser. Am Ende des § 17 führt er sich die Lebenslagen vor Augen, die ihm bevorstehen können und gibt auch selbst die Antworten.

mihi crede **(§ 11)** schließt eng an die *exempla* an und führt zugleich das Thema weiter: Cato, Scipio und die namenlosen Beispiele aus der Gegenwart hatten deshalb vor dem Tod keine Angst, weil sie den Tod als *beneficium* ansahen. Daraus folgert Seneca (*itaque*, **§12**), dass Lucilius unbesorgt *(securus)* die Drohungen des Feindes hören kann; Seneca nimmt also das Thema aus dem ersten Satz des Briefes wieder auf. Ebenso greift er auf die beiden Methoden zurück, die zur Bewältigung der *sollicitudo* geeignet sind: *quod aequissimum est, spera,* § 12 (vgl. *meliora tibi ipse proponas,* § 1) und *ad id te, quod est iniquissimum, compara,* § 12 (vgl. *quidquid vereris, ne eveniat, eventurum utique propone,* § 2). *Autem* (§ 12) führt jedoch den Gedanken sogleich zu einem neuen Aspekt weiter, indem Seneca Lucilius auffordert, zu untersuchen, was an jeder Sache dran ist (*quid in quaque re sit*, § 12). Was Seneca unter *quaque re* versteht, wird in **§ 14** deutlich: die beiden Hauptursachen für *sollicitudo* sind *mors* und *dolor*. Die äußere Form lässt die Gliederung des § 14 erkennen:

1. Rhetorische Frage *(quid ... frementem)*, Befehl *(tolle ... territas)*, Anrede an den Tod *(mors es ... contempsit)*.
2. Rhetorische Fragen *(quid ... hominis)*, Befehle *(pone ... acerbitatem)*, Anrede an den Schmerz *(nempe dolor es ... perpetitur)*.
3. Schlusssentenz: Anrede an den Schmerz, Rückverweis auf den Tod als letzten Ausweg.

haec in animo voluta, quae saepe audisti, saepe dixisti **(§ 15)** fasst die in §§ 11 – 14 geäußerten Gedanken zusammen, *sed* leitet unmittelbar zur Präzisierung dieser Aufforderung über: es kommt auf das *vere audire, vere dicere* an und *vere* bedeutet, Gehörtes und Gesagtes müssen sich an ihrer Wirkung in der Lebensrealität messen lassen *(effectu proba)*. Bei der Wirkung kommt es nicht auf bloße Worte an, sondern auf die Leistung der Philosophie im Leben, auf die *opera*. Die scharfe Frage an Lucilius, ob Tod, Verbannung und Schmerz völlig neue Dinge in seinem Leben seien, wird abgemildert durch Senecas Äußerung, er wisse, dass Lucilius längst schon sich über diese Realitäten Gedanken gemacht habe (*quod facere te moneo, scio certe fecisse*, **§ 16**). Ganz überflüssig scheint Seneca eine Mahnung jedoch nicht zu sein: *moneo* nimmt er mit *admoneo* wieder auf und gibt dem Gedanken eine neue Wendung, die wieder zurück zum Thema *sollicitudo* führt (§ 16). Die *sollicitudo* muss bekämpft werden, weil sie lähmt; das beste Mittel hierfür ist, sie zu einer *causa publica* zu machen, d.h., die Ursachen, die zu ihr führen, zu verallgemeinern, zu entmystifizieren und so ihrer Wirkung zu berauben. Seneca führt dies an mehreren Beispielen vor: dass der Körper sterblich und gebrechlich ist, ist eine Banalität (trotzdem erschreckt der Gedanke an die Sterblichkeit nahezu jeden Menschen). Die Ursachen für Schmerz können vielfältig sein: Unrecht, Gewalt, ausgeübt von Übermächtigen, aber auch Vergnügungen wie Essen, Trunkenheit, Ausschweifungen (§ 16). Armut trifft viele (**§ 17**); auch gefangen ist jeder, dadurch dass die Natur ihn an den Körper gebunden hat. Sterben schließlich, und damit führt Seneca zurück zu § 11, ist auch als *beneficium* zu betrachten, indem es von der Möglichkeit der Erkrankung, des Gefangenseins und Sterbens befreit.

»Tod ist Tod, und Schmerz ist Schmerz«, so ließe sich Senecas Argumentation vereinfacht zusammenfassen. Tapfer zeigen sich auch Menschen niederen Standes *(servus, ancilla)* gegenüber dem Tod, erst recht müsste dies von einem Lucilius oder Seneca zu erwarten sein, und beim Schmerz spielt die Ursache keine Rolle, es bleibt immer noch der letzte Ausweg (*brevis es, si ferre non possum*, § 14). Senecas Methode, Tod und Schmerz zu verallgemeinern und in die Realität des Lebens aus der Tabuisierung zurückzuholen (besonders §§ 16 und 17) mag durchaus eine Hilfe bei der *praeparatio* auf diese Situation sein, gibt aber auch Ansatzpunkte zur Kritik, die zum Beispiel folgende Punkte behandeln könnte:

1. Kann der Tod, der letztlich vom Menschen rational nicht zu erfassen ist, tatsächlich durch eine geistige *praeparatio* überwunden werden?
2. Es besteht ein wesentlicher Unterschied zwischen Schmerzen, die durch Krankheit hervorgerufen werden, oder sogar in der Geburt eines Menschen ihren Sinn haben, und Schmerzen, die durch Folter, also etwas zutiefst Menschenverachtendes und Sinnloses, hervorgerufen werden.

Im Gegensatz zur allgemein verbreiteten Tendenz, den Tod zu tabuisieren, unternimmt Seneca den Versuch, ihn geistig zu bewältigen. Seneca selbst hat bewiesen, dass für ihn dies nicht nur *verba philosophiae*, sondern auch *opera* sind (vgl. § 15): In seinem 54. Brief erklärt Seneca: *hoc tibi de me recipe: non trepidabo ad extrema* (54,7). »Er hat Wort gehalten, und seinen Tod zu seinem größten Erlebnis und seiner Lebensrechtfertigung gemacht« (A. D. Leeman, S. 333). Die Schilderung von Senecas Tod in Tacitus' Annalen (vgl. Textausgabe, Begleittext 2, S. 68–70) kann deshalb auch zu diesem Brief als Zweittext hinzugezogen werden.
Seneca bleibt beim Thema Tod und dessen Bewältigung: Er hält die Argumentation Epikurs, die Unterweltsstrafen, wie sie die wohl bekannten Unterweltsbüßer angeblich erleiden würden, existierten nicht, und deshalb müsse man keine Angst vor der Unterwelt haben, für lächerlich (*ineptus*, **§ 18**). Dieser Versuch Epikurs, die Angst vor dem Tod zu nehmen, ist für Seneca nur pseudowissenschaftlich. In Wahrheit gibt es allein eine Alternative: Entweder bedeutet der Tod das unwiderrufliche Ende *(nos consumit)* oder die Freiheit (*exuit*, § 18). Im ersten Fall bleibt nichts übrig, d. h., es gibt weder Gutes noch Schlechtes, also auch keine Qualen in der Unterwelt, im zweiten Fall ist die Last des Körpers beseitigt, und es bleibt nur Besseres (§ 18). Diese Alternative ist aus Platons Apologie bekannt (vgl. Textausgabe, Begleittext 5, S. 47): Sokrates führt die beiden Möglichkeiten in seiner Abschiedsrede aus, wobei für ihn auch ein unwiderrufliches Ende durchaus noch Positives mit sich brächte, dadurch dass dieser Zustand einem wunderbaren Schlaf ohne Traum gleich käme. Epikur sieht nur eine Möglichkeit: Tod ist endgültiger Zerfall (vgl. Textausgabe, Begleittext 3, S. 47 und Begleittext 2, S. 59). Die Frage, welche Ansicht in diesen eschatologischen Fragen Seneca vertrat, ist nicht eindeutig zu beantworten. In Brief 102, 2 zeigen sich durchaus Zweifel am Fortleben der Seele (vgl. Textausgabe, Begleittext 3, S. 59), während in der Torstschrift an seine Tochter Marcia (vgl. Textausgabe, Begleittext 4 , S. 59) die Trennung von Körper und Seele und das Weiterbestehen der Seele eine sichere Gewissheit sind. An manchen Stellen hat man den Eindruck, dass Seneca sich geradezu »einredet« (P. Grimal, S. 242), dass die Seele den Körper überdauert. Gerade in der Trostschrift an Marcia sind die Parallelen zu christlichen Auffassungen überdeutlich: So ist es leicht verständlich, dass Seneca in der frühen Kirche oft als Christ angesehen wurde, und sogar ein Briefwechsel mit dem Apostel Paulus erfunden wurde (vgl. Textausgabe, Begleittext 5, S. 59).
Die Rezeption der philosophischen Schriften Senecas durch die frühe Kirche und das Mittelalter wäre ein geeignetes Thema für ein Referat oder eine Facharbeit. An diesem Beispiel kann sehr gut der Umgang der Christen *»victoris iure«* mit der Antike gezeigt werden; es wird dabei gleichzeitig deutlich, welch großen Einfluss

das Gedankengut der antiken Philosophie auf das Christentum ausübte. Das Buch von Winfried Trillitzsch »Seneca im literarischen Urteil der Antike«, Bd. 1 und 2, Amsterdam 1971, eignet sich, um einen Überblick zu gewinnen.

Der Abschnitt **§§ 19 – 21** setzt das Thema, mit dem § 17 endete, fort, ebenfalls unter dem Aspekt, das Todesproblem zu einer *causa publica* zu machen, das heißt, zu verallgemeinern. Die zentrale Sentenz des Abschnitts *cotidie morimur* (§ 20) wird auf vielfältige Weise variiert: Seneca beginnt mit dem Bild eines allmählichen Hineingehens, nicht Hineinfallens in den Tod (§ 19). Der Satz *cotidie demitur aliqua pars vitae* geht von der Vorstellung aus, das Leben sei eine feste Summe, von der fortlaufend ein Teil genommen wird; gegenläufig zu dieser Verminderung der Lebenstage wächst der Mensch (§ 20: Paradoxon *crescimus – decrescit*). Das Leben definert sich hier nicht durch das Wachstum vom Kleinkind über den Jungen zum jungen Mann, sondern Seneca hebt den gegenteiligen Aspekt hervor: Wir verlieren nacheinander diese Lebensabschnitte: Leben als Zeitverlust (*quidquid transit temporis, perit*, § 20). Dieselbe Auffassung wird mit dem Bild der Wasseruhr, dem Wortspiel *pervenimus, venimus* (§ 20), dem Luciliuszitat und dem paradoxen Schlusssatz *apparebit enim tibi hanc, quam timemus, mortem extremam esse, non solam* verdeutlicht. In diesem Abschnitt werden keine neuen Gedanken geäußert, das Thema *cotidie mori*, das seit Epistel 1 bekannt ist und in vielen Briefen wiederaufgenommen wird, wird nur variierend wiederholt, trotzdem gelingt es Seneca mit rhetorischen Mitteln, keine Langeweile entstehen zu lassen und nicht belehrend zu wirken. Die Aufforderung an Lucilius, in seinen eigenen Schriften nachzulesen (§ 19) knüpft an die Mahnung in § 15 an, wo Seneca die *opera philosophiae* nachdrücklich einforderte. Lucilius wird deutlich an das, was er selbst geschrieben, somit also fixiert hat, erinnnert (*quanto turpius aliud scribere, aliud sentire*, § 19). Seneca lobt ihn ausdrücklich als großen und scharfsinnigen Schriftsteller (*magnus, acrior*, § 21) und nimmt sich selbst zurück: *Malo te legas quam epistulam meam* (§ 21).

Der Epilog (**§§ 22 – 26**) knüpft an das *»mors«* – Thema an (*eos, qui timent* sc. *mortem*, § 22), führt jedoch zu der Problematik des Freitodes zurück, der durch die *exempla* in den §§ 6 – 11 als Ausweg, der immer freisteht, geschildert wurde. Die positive Sicht des Suizid durchzieht den ersten Teil der Epistel: Das *beneficium* des Todes beinhaltet, dass man nichts zu fürchten braucht (§§ 11 – 12); Sterben bedeutet auch, dass man nicht mehr zu befürchten braucht, krank zu werden, ins Gefängnis geworfen zu werden und schließlich zu sterben (§ 17). Die Epikurzitate betonen nun einen anderen Aspekt der Todesthematik: Die Sehnsucht nach dem Tod und den Überdruss am Leben. Zahlreiche Formulierungen, die diesem Themenbereich zuzuordnen sind, kennzeichnen den Abschnitt: *mortem concupiscunt, currere ad mortem taedio vitae, currendum ad mortem*, § 22; *adpetere mortem, cogantur ad mortem*, § 23; (Gegenteil: *vel ad mortis vel ad vitae patientiam*), *finire se, capiendus est impetus*, § 24; *fugere e vita, libido moriendi, ad moriendum inconsulta animi inclinatio, contemnunt vitam, gravantur*, § 25; *faciendi videndique satietas et vitae non odium, sed fastidium, nausia, vivere supervacuum*, § 26.

Der Gedankengang in den **§§ 22 und 23** nimmt seinen Ausgang bei Epikurs

Kritik an dem dringenden Verlangen vieler Menschen zu sterben und steigert sich Schritt für Schritt bis zu der paradoxen Behauptung, viele würden aus Furcht vor dem Tod zum Tod getrieben: Lächerlich ist es, aus Lebensüberdruss zum Tod zu eilen, denn durch die Art zu leben (*genere vitae*, § 22) hat man selbst bewirkt, dass der Wunsch nach dem Tod entsteht. Was Seneca unter einem derartigen *genus vitae* versteht, erläutert er in § 23 mit dem Begriff *vitam inquietam*; eine *vita* wird *inquieta* durch die Furcht vor dem Tod *(metu mortis)*, also hat das Todesverlangen seine letzte Ursache in der Furcht vor dem Tod (§ 23).
bene autem mori est effugere male vivendi periculum (ep. 70, 6); Selbstmord ist ein Ausweg, aber nicht als Folge einer Kurzschlusshandlung (vgl. dagegen Textausgabe, Begleittext 6, S. 60), sondern allein als Ergebnis rationaler Erwägung: *ratio suadet finire se* (**§ 24**), und auch dann hat die Selbsttötung nicht blindlings zu erfolgen (§ 24). Während Christen für einen Suizid aus einer Kurzschlussreaktion heraus noch ein gewisses Verständnis haben können (vgl. Textausgabe, Begleittext 6, S. 60), will Seneca solche psychologischen Faktoren nicht gelten lassen. Umgekehrt ist für den Christen eine »objektive Rechtfertigung der Selbsttötung« auszuschließen, während Seneca nur eine rationale Entscheidung befürwortet. Der Selbstmord bleibt für Seneca die letzte Möglichkeit, die Tatsache aber, dass diese Möglichkeit existiert, trägt wesentlich zur Freiheit des Menschen bei: »Der Selbstmord ist die stets offene Tür, die dem Stoiker in jedem Fall die Freiheit und Unabhängigkeit vom äußeren Schicksal garantiert« (H. – P. Bütler / H. J. Schweizer, S. 39). Der entscheidende Unterschied zwischen der senecaischen und der christlichen Überzeugung liegt in der Sicht des Lebens: Das Christentum begreift Leben als Geschenk der Liebe Gottes; ob es unnütz geworden ist, kann der Mensch nicht ermessen. Seneca hingegen räumt dem Menschen die Fähigkeit ein, mittels der *ratio* eine Entscheidung treffen zu können. So hält er die Selbsttötung auch für den Fall für sich offen, dass ein geistiger Zerfall im Alter eintritt (ep. 58, 35).
Am Ende des Briefes 24 (**§ 26**) weicht jedoch Seneca von der rein rationalen Betrachtung des Themas »Selbstmord« ab: Er spricht davon, dass den Philosophen auch der Überdruss an der Eintönigkeit des Lebens und der Welt zum Selbstmord treiben kann. Die Beschäftigung mit Philosophie kann zu diesem Gefühl des Ekels führen, der Mensch gelangt zu der Erkenntnis, das Leben sei überflüssig. Diese Gedanken klingen existentialistisch (vgl. F. Loretto, Anm. 42 zu ep. 24): Sartre versteht unter *la nausée* dasselbe wie Seneca unter *nausia* (§ 24), es ist der Ekel vor der Sinnlosigkeit der menschlichen Existenz (vgl. Textausgabe, Begleittext 7, S. 60).
Wenn wir zu Brief 24 ein Bild von Charles Le Brun (1619 – 1690) hinzuziehen, dann soll es nicht zur bloßen Illustration der Textstelle §§ 6 – 8 dienen, auch wenn wir andererseits dem Maler nicht gerecht werden können. Problematisch ist natürlich die Abbildung in Schwarzweiß, auf die wir uns beschränken mussten; denn es verändert sich durch den Verzicht auf die Farben nicht nur der Gesamteindruck des Bildes, sondern es bleiben Details unbemerkt, die für das Bildverständnis wichtig sind, so z. B. die Tatsache, dass Bettuch und Schwertspitze blutbeschmiert sind. Andererseits lässt sich vielleicht rechtfertigend einwenden, dass

die Aussage des Bildes gerade durch eine Schwarzweiß-Darstellung unterstrichen wird. Die Gegenüberstellung von Text und Bild wird bei der Interpretation beider helfen, die Elemente zu erkennen, auf die es Maler bzw. Schriftsteller ankam. Der Tod der Philosophen Sokrates, Cato und Seneca ist immer wieder Thema der Malerei gewesen; die Maler des französischen Barock haben oft Catos Tod dargestellt, und in der Zeit der französischen Revolution wurde Catos Tod geradezu zum Symbol für den unbedingten Freiheitswillen. Die Darstellung Catos durch Le Brun (1646) erinnert an barocke Christus – Gemälde, und diese Parallelität kann deutlich machen, wie sehr Catos Tod verherrlicht wurde.
Man hat zunächst den Eindruck, dass der Mann auf dem Bett ruhig schläft; der zweite Blick korrigiert den Betrachter jedoch rasch: die Schwertspitze, (der blutige Dolch, das Blut auf dem Tuch,) das erschrockene Gesicht im Hintergrund und der für einen Schlafenden unnatürlich ausgestreckte linke Arm deuten auf einen gewaltsamen Tod hin. Der Baldachin bildet den Rahmen, das Licht fällt von links auf den Körper, sodass der Blick des Betrachters auf Catos Körper konzentriert wird. Platons Phaidon, den Cato in der Todesnacht las, liegt aufgeschlagen und von Cato offensichtlich intensiv gelesen im Vordergrund, Catos Hand ruht auf dem Buch: Cato nimmt also die Entschlossenheit und Ruhe, mit der Sokrates in den Tod ging, zum Vorbild. Auffällig ist der Gegensatz zwischen der dramatischen Unruhe der Umgebung und der stoischen Haltung Catos, die dem Betrachter als erstes auffiel: Der Faltenwurf des Baldachin und des Bettes, die gewellten Blätter des Buches und das vom Entsetzen gezeichnete Bild des Mannes, der sich im Hintergund über Cato beugt, bilden die Kulisse, vor der die ruhige Haltung Catos besonders zum Ausdruck kommt. Nichts deutet auf den Kampf eines Cato hin, der, wie Seneca schreibt, nach einem ersten erfolglosen Versuch *sibi iratus nudas in vulnus manus egit et ... spiritum non emisit, sed eiecit* (§ 8). Dabei ist auf fast allen Darstellungen von Catos Tod gerade dieses trotzig – gewaltsame Element hervorgehoben, Le Brun verzichtet bewusst darauf. Er idealisiert Catos Tod, indem er keine körperliche Verwundung erkennen lässt – man kann die Wunde nur erahnen – und den Körper in jugendlicher Kraft darstellt. Le Brun malte den toten Cato, obwohl das Thema auch schon andere behandelten, Seneca betont sogar, Catos Tod gehöre zu den *decantatae fabulae* (§ 6), und trotzdem erzählt er davon. Schwert und Buch gehören für Seneca wie Le Brun untrennbar zusammen: Das Schwert ist dazu notwendig, dass der Entschluss Catos (*ut vellet mori*, § 6), in dem das Vorbild Sokrates ihn bestärkte, auch ausgeführt werden kann (*ut posset*, § 6). Senecas Cato spricht Fortuna trotzig an: der Grund für seinen Freitod sei nicht, dass er persönlich nicht mehr in Freiheit leben könne, sondern dass der Staat unfrei sei. Diese Theatralik fehlt bei Le Brun vollständig: Le Bruns Cato ist kein gewaltsam sterbender, sondern ein friedvoll toter Mensch. Senecas Cato muss kämpfen, um sterben zu können; er ist in diesem Todeskampf Sieger über Caesar und den Tod, den er selbst bestimmt. Dies sind Gedanken, die Seneca auch selbst bewegten; mit der Darstellung von Catos Tod in Brief 24 bewältigt er geistig seinen eigenen Tod.

Tafelbild und Aufstellung zu Epistel 24

Thema:	**sollicitum esse**

§ 1 *Anlass:* iudici eventu, furor inimici

Heilungsmethoden:

1. meliora proponere, adquiescere spei blandae
   (*Erläuterung* (enim): quid necesse est mala accersere ...)

Sed 2. alia via <–> **sollicitudo:**

§ 2
   a) quidquid vereris, ne eveniat, eventurum utique **pro**pone
   b) quodcumque est illud malum, tecum ipse metire
   c) *t*imorem *t*uum *t*axa

   Hilfen auf diesem Weg:

§ 3 **exempla:** contemptores gegenüber:

	exilium	carcer	uri	perire
§ 4	**Rutilius: freiwillige** *Verbannung aus Protest gegen ein Unrecht* **Metellus: freiwillige** *Verbannung wegen Treue zu seinen Grundsätzen*			
		Sokrates: freiwilliger *Verbleib im Gefängnis* (exire noluit)		**Sokrates:** (ut metum demeret mortis et carceris)
§ 5			**Mucius:** *verbrennt* sich **freiwillig** *selbst* (te faciente)	
§ 6 – § 8				**Cato: freiwilliger** *Tod* (vellet mori)*für die Freiheit*
§ 9 – § 10				**Scipio: freiwilliger** *Tod wegen Niederlage gegen Caesar* (ferro se transverberavit)
§ 11				**freiwilliger** *Tod vieler Zeitgenossen* (mala sua praeciderint)

mors timenda non est

§ 1 — beneficio eius nihil timendum sit — § 2

§ 12 => (itaque) securus inimici minas audi

fiducia — ad id **te**, quod est iniquissimum,

conscientia tua aequissimum spera — **compara**

d.h.: demere rebus tumultum ac videre, quid in *quaque re* sit

§ 13 d.h.: hominibus, rebus persona demenda est et reddenda facies sua

§ 14 speziell: 1. mors

2. dolor

levis — brevis

ferre — non ferre

§ 15 **haec** in animo voluta

sed: *entscheidend:* **effectu** proba, **opera** philosophiae

§ 16 quod facere te moneo, scio certe fecisse: nunc admoneo, ut animum tuum

Ziel: non mergas in istam **sollicitudinem**

Weg zum Ziel: abduc illum **a privata causa ad publicam:**

z.B.:
- corpusculum = mortale, fragile
- dolor:
  - ex iniuria, potentioribus viribus
  - voluptates (epulae, ebrietates, libidines)

§ 17
- paupertas: inter plures
- exilium: me natum putabo, quo mittar
- alligabor: nunc solutus sum?
- **moriar = beneficium** → § 11

Vertiefung

§ 18 **Mors** nos aut consumit — aut exuit

nihil restat — meliora restant onere detracto

§ 19 / 21

Cotidie morimur

- non repente in mortem incidere, sed minutatim procedere
- cotidie demitur aliqua pars vitae
- cum crescimus, vita decrescit
- hunc diem cum morte dividimus
- ultima hora non sola mortem facit, sed sola consummat
- tunc ad illam pervenimus, sed diu venimus
- mors non una venit, sed, quae rapit, ultima mors est
- apparebit tibi hanc, quam timemus, mortem extremam esse, non solam.

§ 22 / 23 Themen: 1. mortem timere

2. **mortem concupiscere** → § 11, 17

Gründe: taedium vitae
genus vitae: vita inquieta
timor mortis
} ridiculum

§ 24 richtiges Verhalten:

animum confirmare:
1. ad mortis
2. ad vitae
→ **patientiam**

1. ne nimis amemus vitam
2. ne nimis oderimus vitam

Situation: ratio suadet se finire

§ 25 **Reaktion** *eines*
vir fortis ac sapiens: non temere, nec cum procursu
non fugere, sed exire

↔ adfectus **libido moriendi**
= ad moriendum inconsulta animi inclinatio

generosos atque acerrimae indolis viros
contemnunt vitam

ignavos iacentes
gravantur

§ 26 **dennoch: quosdam:** faciendi videndique **satietas**

← inpellente philosophia**!**

vitae non odium, sed **fastidium**

quousque eadem: expergisci, dormire, esurire, aestuare,
dies, nox, aestas, autumnus, hiemps, ver

nausia

vivere = non acerbum, sed **supervacuum**

Epistel 28

Gliederung

Teil I (§§ 1 – 8)

1. Abschnitt: *Hoc tibi soli* (§ 1) – *aegrum enim concutis* (§ 3): Wirkungslosigkeit des Reisens für den seelischen Reifungsprozess – Priorität der seelischen Veränderung.
2. Abschnitt: *At cum istuc exemeris* (§ 4) – *omni loco positum sit* (§ 5): Möglichkeit, an allen Orten der Welt ein sittlich gutes Leben zu führen.
3. Abschnitt: *Num quid* (§ 6) – *rixandum est* (§ 7): Empfehlung – soweit möglich –, ruhige Orte zu wählen.
4. Abschnitt: *Triginta* (§ 8) – *liber est* (§ 8): Sokratesanekdote als Beleg für die These in Abschnitt 2.

Teil II (§§ 9 – 10)

Fähigkeit zur Selbstkritik als Grundvoraussetzung dafür, im seelischen Reifungsprozess Fortschritte machen zu können.

Interpretation und methodische Vorschläge

Seneca leitet Brief 28 mit einer rhetorischen Frage an Lucilius ein, die den Eindruck erweckt, Lucilius habe sich darüber beklagt, dass Reisen sich nicht positiv auf seine Seelenlage ausgewirkt hat. Das Interesse des Lesers wird gleich zu Beginn des Satzes dadurch geweckt, dass Seneca ein Problem ankündigt, das offenbar nicht nur Lucilius als den direkten Adressaten des Briefes angeht, sondern einer allgemeinen Erfahrung entspricht; für den angesprochenen Lucilius ist es zugleich tröstlich, dass es ihm mit seinen Reiseerfahrungen nicht allein so ergeht. Der erhoffte Zusammenhang »je länger die Reise, je zahlreicher die Reiseziele, desto besser die Stimmung« wurde enttäuscht: Die Substantive *peregrinatione – varietatibus* umklammern die durch Alliteration *tam longa et tot locorum* hervorgehobenen Begriffe, die die Länge des Urlaubs und die Zahl der Ferienorte bezeichnen; sie stehen im Gegensatz zu dem Hendiadyoin *tristitiam gravitatemque mentis.* Mit einer kurzen und klaren Anweisung beantwortet Seneca die einleitende Frage: *animum* und *caelum* nehmen die betonten Stellen im Satz ein, das Asyndeton verstärkt die Antithese. Damit ist der zentrale Begriff des Briefes vorgegeben: Es geht um die Priorität der seelischen Veränderung, alles andere ist zweitrangig. Die Anapher *licet ... licet* unterstreicht, wie wirkungslos Reisen für die Beseitigung seelischer Unvollkommenheit sind, mögen sie auch das Ausmaß der Irrfahrten eines Aeneas haben. Unausweichlich folgen die Fehler überallhin; *sequentur* und *vitia* umklammern die Person *(te)* und das beliebige Reiseziel *(quocumque perveneris)*, behalten den Reisenden also fest im Griff.

Dieses Thema wird zunächst nur wenig variierend fortgeführt: Das Sokrateszitat und die sich anschließenden Fragen **(§ 2)** heben hervor, wie sinnlos es ist, immer wieder den Aufenthaltsort zu wechseln (*in inritum cedit ista iactatio,* § 2), wenn nicht zuerst der Geist von der Last seiner Fehler befreit wird (*onus animi deponendum est,* § 2). Auch das Vergilzitat **(§ 3)** unterstreicht die Bedeutung der seelischen Verfassung: Solange man von einer fremden Macht besessen ist, kann man sich schütteln, wie man will, bzw. reisen, wohin man will, es wird nur immer schlimmer. Das entscheidende Ziel ist es daher, sich von der Fremdbestimmung zu befreien:

§ 3 vates	**(tu)**
Seelischer Zustand: habitus concitatae et instigatae multumque habentis in se **spiritus non sui**	aeger
Verhalten: bacchatur	vadis huc illuc
Ziel: magnum pectore excussisse deum	excutias insidens pondus
Ergebnis: *erfolglos*	ipsa iactatione incommodius fit quidquid facis, contra te facis noces tibi –> *erfolglos, schädlich*

Das Urteil über das Reisen richtet sich allein nach der Frage, was Reisen zum *bene vivere* (§ 5) oder, wie es Brief 23 ausdrückt, zur *bona mens* (§ 1) beiträgt. Grundlage einer *bona mens* ist die wahre Freude, die nicht auf Zufälligem, Ablenkungen und Vergnügungen beruht, sondern im Menschen selbst, in seinem *animus* liegt (ep. 23, 3). Die rein äußerlichen Freuden, zu denen Seneca auch das Reisen zählen würde, erzeugen leere Hoffnungen (ep. 23, 2), im Falle des Reisens die Hoffnung, dass es an einem anderen Ort vielleicht besser wird; d.h. mit Brief 23 ausgedrückt: Derjenige, der auf den Ortswechsel zur Bewältigung seiner seelischen Schwierigkeiten setzt, beginnt sein Leben immer neu (ep. 23, 9), die wahre Freude hat ihre Grundlage in dem Bemühen um ein konstantes Leben (ep. 23, 7) in sittlicher Vollkommenheit. Diese ist allein durch innere Veränderung und nicht durch den Wechsel äußerer Bedingungen zu erreichen.
At **(§ 4)** kündigt einen neuen Gedanken an; die Argumentation aus §§ 1 – 3 wird umgedreht: Wenn die Seele von Fehlern befreit ist, kann man überallhin reisen. Es bleibt also bei der primären Forderung, sich um die seelische Vollkommenheit zu bemühen, der Wohnort hat dabei keinerlei Bedeutung; denn die Heimat für den Stoiker ist die ganze Welt (*patria mea totus hic mundus est,* § 4). Seneca schrieb sogar aus der Verbannung in Korsika Ähnliches an seine Mutter (vgl.

Textausgabe, Begleittext 1, S. 61–62): Die Natur, die allen Dingen zugrunde liegt, ist überall dieselbe; außerdem kann man das Wichtigste, die sittliche Vollkommenheit, auch in die Verbannung mitnehmen. Der Geist, der die sittliche Vollkommenheit sucht, ist Teil der Welt. Für diesen Menschen lässt sich deshalb kein Verbannungsort auf der Welt finden. Auch wenn Seneca nicht überall in seinen Schriften solche Standhaftigkeit seiner Verbannung gegenüber zeigt, zeugen diese Sätze doch von beeindruckender Charakterstärke. Seneca äußert sich hier zu einer Grundfrage menschlichen Lebens: Braucht der Mensch zu seinem Glück eine feste Heimat? Die weltweite industrielle Verflechtung hat dazu geführt, dass immer größere Entfernungen zu bewältigen sind. Führungskräfte in der Wirtschaft müssen oft ihren Wohnort wechseln, mit ihnen zumeist die Familien. Für sie ist Senecas Satz *patria mea totus hic mundus est* reale Anforderung. Viele Schüler können hier eigene Erfahrungen in die Diskussion über die Bedeutung von Heimat für den Menschen einbringen.
Aus Senecas Bekennnis, seine Heimat sei die Welt, lässt sich nicht folgern, dass er das Herumreisen in der Welt befürwortet, im Gegenteil: Gerade weil der Ort für das Glück des Menschen nicht entscheidend ist, müsste der erstbeste, an den man gelangt, genügen **(§ 5)**. Was aber, wenn man an einen turbulenten Ort gerät? Dem Grundsatz gemäß, dass das Glück des Weisen vom Ort unabhängig ist, darf auch ein turbulenter Ort dem *bene vivere* (§ 5) bzw. *quiete vivere* **(§ 6)** nicht im Wege stehen, wenn man dort leben muss. Aber der Weise wird sich solche Orte wie das Forum oder Baiae (vgl. Textausgabe, Begleittext 2, S. 62) nicht freiwillig aussuchen, auch wenn man einen Ort an sich nicht hassen darf. Warum soll er sich, wenn er die Wahl hat, ohne Not den Schwierigkeiten aussetzen, der Kampf mit den eigenen Lastern ist schwierig genug **(§ 7)**. Sollte der Weise jedoch an einen solchen Ort gelangen, wird er auch dort gut leben können (§ 5). Diesen Gedanken nimmt **§ 8** nochmals auf und rundet den ersten Teil des Briefes damit ab: 30 Tyrannen konnten Sokrates nicht zu einer Tat zwingen, die gegen seine feste Überzeugung gewesen wäre; wer einmal die Knechtschaft verachtet hat, ist frei. Allein die innere Einstellung ist entscheidend für das *bene vivere*, die äußeren Bedingungen sind dann zweitrangig:

Triginta tyranni ——— *vgl.* varietates, forum, fluctus *usw.*
turba dominantium
servitus
Socraten ——— *vgl.* Lucilius, Seneca
nec potuerunt
animum eius infringere ——— *vgl.* bene vivere: omni loco positum

→ liber est
Voraussetzung: qui servitutem contempsit

Der zweite Teil des Briefes **(§§ 9 – 10)** nennt die Grundvoraussetzung für den in §§ 1 – 8 empfohlenen Weg zur inneren Freude und zu einem guten Leben: Der Geist kann nur dann geändert (vgl. § 1), die Last des Geistes kann nur dann

abgelegt (§ 2), das Übel nur dann beseitigt (§ 5) und die Sklaverei nur dann verachtet (§ 8) werden, wenn die Bereitschaft zur Erkenntnis der eigenen Fehler vorhanden ist. Hierzu fordert Seneca am Ende des Briefes Lucilius nachdrücklich auf. Diese Mahnung ist auch stilistisch besonders ausgestaltet: Chiasmus: *te ipse coargue – inquire in te*; Alliteration: *primum partibus*; Trikolon: *primum, deinde, novissime*, verbunden mit einer Klimax.
»Was liegt näher, als dem Alltagsstress für ein paar Tage zu entfliehen«, »Mal die Kulisse wechseln wirkt Wunder«, »Traumhafte Tage verbringen« – mit diesen und ähnlichen Werbeslogans versprechen die Reiseveranstalter Entspannung und Erholung. Der Urlaub soll ein »Auftanken« für die Seele sein; wenn der Gast nicht selbst dazu fähig ist, durch Ablenkung Erholung zu finden, helfen Animateure weiter. Seneca bestreitet, dass eine echte Erholung des *animus* durch Flucht aus dem Alltag möglich ist, solange die eigentlichen Ursachen für das Unwohlsein nicht beseitigt sind (*quaeris, quare te fuga ista non adiuvet? tecum fugis,* § 2).
Die Besprechung des Briefes 28 könnte mit einer Diskussion über Senecas Äußerungen zum Thema »Reisen« beendet werden. Ulrich Holbeins Zusammenstellung in »Die Zeit« (16. Juli 1993), die Zitate Prominenter zu diesem Thema wiedergibt (vgl. Textausgabe, Begleittext 3, S. 62–63), wird auf ironisch-humorige Weise Anregungen hierzu geben.

Tafelbild und Aufstellung zu Epistel 28

§ 1

Ziel:
discutere tristitiam gravitatemque mentis
bene vivere (§ 5)
quiete vivere (§ 6)
liber est (§ 8)

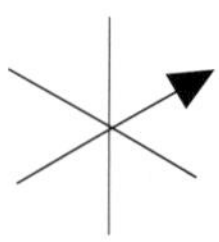

Weg:

peregrinatione **t**am **l**onga et **t**ot **l**ocorum varietatibus
mutare caelum
vastum traieceris mare
terraeque urbesque recedant

animum mutare

↔ **aber: sequentur te, quocumque perveneris, vitia**

§ 2

peregrinationes
terrarum novitas
cognitio urbium aut locorum
fuga

onus animi deponendum est

↔ **aber: te circumferas, premit te eadem causa, quae expulit, in inritum cedit ista iactatio, tecum fugis**

§ 3

vadis huc illuc

◀▶ **aber: habitum vatis multum habentis in se spiritus non sui**
ipsa iactatione incommodius fit
quidquid facis, contra te facis, motu ipso noces tibi

§ 4

omnis mutatio loci iucunda

malum exemeris

§ 5

regionum varietatibus

◀▶ **aber: non peregrinaris, sed erras et ageris ac locum ex loco mutas**

dennoch: bene vivere omni loco positum

§ 6

z. B.: forum

◀▶ **aber: bonae menti necdum adhuc perfectae et convalescenti parum salubria**

§ 7

in fluctus medios eunt et tumultuosam probantes vitam cotidie cum difficultatibus rerum magno animo conluctantur

◀▶ **aber: sapiens feret ista, non eliget, et malet in pace esse quam in pugna; non multum prodest vitia sua proiecisse, si cum alienis rixandum est.**

§ 8

Triginta tyranni Socraten circumsteterunt

dennoch: nec potuerunt animum eius infringere

qui servitutem contempsit

§ 9 – 10

Grundvoraussetzung:

notitia peccati
deprehendas te oportet
te ipse coargue, inquire in te
accusatoris primum partibus fungere, deinde iudicis, novissime deprecatoris
te offende

Epistel 38

Gliederung

1. Abschnitt: *Merito exigis* (§ 1) – *frequentemus* (§ 1): A propos Briefwechsel.
2. Abschnitt: *Plurimum proficit* (§ 1) – *veniendum est* (§ 1): Zwei Methoden, im Bereich der Philosophie Lernfortschritte zu erzielen.
3. Abschnitt: *facilius intrant* (§ 1) – Ende des Briefes: Positive Auswirkungen eines vertraulichen Briefstils.

Interpretation und methodische Vorschläge

Der Brief beginnt mit der (fiktiven) Forderung des Lucilius, den Briefwechsel zu intensivieren. Ein Vergleich mit dem Briefanfang von ep. 1 verdeutlicht: Hier stehen keine Anweisungen, keine Ratschläge im Vordergrund, es geht vielmehr um den Austausch zwischen Seneca und Lucilius (formale Entsprechung: zweite Person Singular *exigis* und erste Person Plural *frequentemus*). Der Begriff *commercium* unterstreicht die Zweiseitigkeit des Briefverkehrs, ebenso wie das Hyperbaton *hoc ... commercium*, das die Briefpartner umschließt *(inter nos)*. Seneca gebraucht diese Forderung als à propos und entwickelt im Folgenden eine »Rechtfertigung des Epistel-Schreibens überhaupt« (G. Maurach, Seneca ..., S. 166). *Commercium epistularum* bedeutet für Seneca »Gespräch«, *sermo*. Nach Meinung des Altertums war der Brief die Ausdrucksform, die dem Gespräch am nächsten kommt (U. Knoche, S. 158). Seneca will also keine philosophische Vorlesung in Briefform halten, da ja solche wohl vorbereiteten und ausführlichen Vorträge nur viel Lärm verbreiten (*strepitus*, § 1), ein vertrauliches Miteinander jedoch behindern *(minus familiaritatis)*. Gemeinsamer Inhalt und gemeinsames Ziel aller Bemühungen muss die Philosophie sein; sie steht im Mittelpunkt des zweiten Abschnitts (§ 1), in der Sentenz *Philosophia bonum consilium est,* einer einfachen und eingängigen Definition, die zugleich verdeutlicht, was Seneca unter *submissiora verba* (§ 1) versteht. *consilium est* steht betont am Ende des Satzes und wird sogleich wiederaufgenommen, wirkt somit als Glied einer Beweiskette: Philosophie = guter Rat, guten Rat gibt keiner laut. Auf diese Weise begründet Seneca seine ablehnende Haltung gegenüber den Vorträgen, den *contiones*, wie er sie im Folgenden nennt. Dabei räumt er durchaus ein, dass Vorträge sinnvoll sein können, jedoch nur zur Lernmotivation (*ut velit discere,* § 1), nicht zum Lernen selbst (*ut discat*, § 1); für den Vorgang des Lernens eignen sich besser die leiseren Töne (*submissiora verba*, § 1). Die Passage ist chiastisch aufgebaut: *sermo, disputationes*, dann im Zentrum: *philosophia* und wiederum *contiones, submissiora verba*, d. h. am Anfang und Ende des Abschnitts steht die von Seneca favorisierte Methode. Lucilius braucht keine Vorträge; denn er muss nicht mehr zum Lernen motiviert werden, er lernt bereits. Auch wenn Lucilius hier nicht direkt angesprochen ist, ist doch klar, dass er keinen *paedagogus*, keinen *praeceptor* oder *exhortator* benötigt, man muss ihn nicht erst vom Lebenswert der Philosophie überzeugen (U. Knoche, S. 155 – 157). So gehört es zum Ton der *familiaritas*, dass Seneca Lucilius von der Stufe des motivationsbedürftigen Schülers abhebt. In Epistel 27, 1 und 57, 3 (vgl. Textausgabe, Begleittexte 1 und 2, S. 64) wird deutlich, wie Seneca seine eigene Rolle versteht: Weit entfernt von einem *homo tolerabilis* (ep. 57, 3) liegt er in demselben Krankenzimmer wie Lucilius (ep. 27, 1), stellt sich somit auf eine Stufe mit ihm: Mit großer Offenheit und Bereitschaft zur Selbstkritik spricht er zu Lucilius über die eigenen Fehler und die Möglichkeiten, Abhilfe zu schaffen (ep. 27, 1). Seneca bedient sich des Briefes also auch zu dem Zweck, in einen Dialog mit sich selbst einzutreten. Er tritt dem Leser als Mensch gegenüber, der selbst auf der Suche nach seinen Fehlern und einer Therapie ist, und erleichtert ihm so die Identifikation mit dem Autor und seinen Vorschlägen zur Lebenshilfe.

Der zweite Hauptgedanke des Briefes (*facilius intrant* – Briefende) erklärt, wie es möglich ist, dass zahlenmäßig geringfügige Worte mehr nützen als Reden (G. Maurach, Über ein Kapitel ..., S. 350). Gleichzeitig ist der hier ausgeführte Vergleich ein Beispiel für die Sprache der *familiaritas*, die nicht distanziert – wissenschaftlich belehrt, sondern um der Verdeutlichung willen auch mit Wiederholungen arbeitet (L. Rohrmann, S. 49; s. auch 38 B 3). So werden dem Samen (*semen*, **§ 2**) eine ganze Reihe bedeutungsähnlicher Begriffe (s. Tafelbild) gegenübergestellt, wobei *ratio* aufgrund des Zusammenhanges hier mit »Weisungen der Vernunft« wiederzugeben ist; denn *ratio* steht an dieser Stelle auf einer Ebene mit *verba, quae dicuntur, praecepta.*

Wie der Same, wenn er auf geeigneten Boden *(idoneum locum)* fällt, aufgeht und sich zur großen Pflanze entwickelt, so entfalten wenige, aber wirksame Worte, wenn sie auf einen geeigneten Geist (*animus, idonea mens*, § 2) treffen, ihre Kraft.

Der Schlusssatz liefert noch einen weiteren Gedanken hinzu, der mit dem Begriff *commercium* zu Anfang des Briefes bereits angedeutet war: Die Wirkung der *verba submissiora* erstreckt sich nicht nur auf den Briefpartner, Seneca selbst wird von ihnen profitieren; denn der Schüler Lucilius wird mehr zurückgeben, als er empfangen hat (*plus reddet quam acceperit* oder, wie es in Brief 81, 19 heißt: *Nemo non, cum alteri prodest, sibi profuit*). So schließt sich der Kreis: Der Briefwechsel *(epistularum commercium)* dient auch dem Streben nach eigener sittlicher Vollkommenheit (vgl. Textausgabe, Begleittext 3, S. 64).

Die Besprechung dieser Epistel bietet vielfach Gelegenheit, das Urteil der Schüler und ihre Situation mit einzubeziehen:

- Wie beurteilen die Schüler die unterschiedlichen pädagogischen Methoden, die Seneca hier behandelt? Welche Vor- und Nachteile haben das Unterrichtsgespräch, das Referat, die Vorlesung für den Lerneffekt?
- Wie beurteilen sie das Lehrer – Schülerverhältnis zwischen Seneca und Lucilius? Ist ihr Verhältnis zu den Lehrern vergleichbar? Was hat sich in den letzten Jahrzehnten in dieser Hinsicht geändert?
- Ist ein Verhältnis der *familiaritas* zwischen Lehrer und Schüler dem Lernen förderlich oder braucht es, wie im Sport den harten Trainer, im Unterricht den »Schleifer«? Wieviel Abstand zwischen Lehrer und Schüler ist nötig, wird von den Schülern gewünscht? Welche Form der Autorität ist erwünscht?

Die Frage nach der Echtheit des Briefwechsels wurde hier nicht angesprochen. Sie scheint mir eher nebensächlich; denn zum einen ist sie nicht mehr grundsätzlich umstritten (hierzu z. B. G. Maurach, Seneca ..., S. 157), zum andern wollte Seneca auf jeden Fall ein größeres Publikum, also auch uns, erreichen. Ein geeignetes Thema zur Weiterbeschäftigung in einem Referat oder einer Facharbeit wäre »Senecas Pädagogik und therapeutische Gesprächsführung«. Dabei kann von Maurachs Artikel »Senecas therapeutische Gesprächsführung« in G. Maurach, Seneca ..., S. 183 – 188, oder von G. Reinhart, E. Schirok, S. 94 – 102, ausgegangen werden; möglich ist aber auch ein Zugang ohne Sekundärliteratur, weil man in nahezu jedem Brief zur Methode fündig wird. Besonders eignen sich jedoch Epistel 8, 25, 52, 94, 95, 108.

Tafelbild und Aufstellung zu Epistel 38

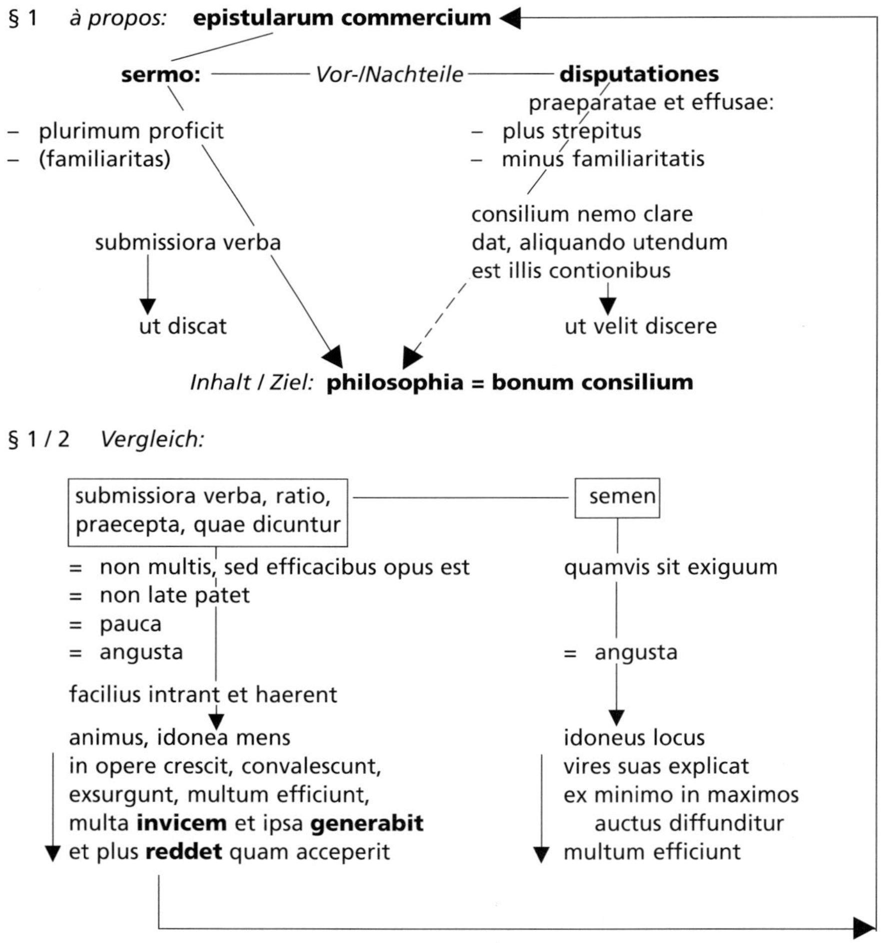

Epistel 41

Gliederung

1. Abschnitt: *Facis rem optimam* (§ 1) – *a te inpetrare* (§ 1): Lob für Lucilius' Bemühen, eine vollkommene Geisteshaltung zu erlangen.
2. Abschnitt: *Non sunt ad caelum* (§ 1) – *habitat deus* (§ 2): Sittliche Vollkommenheit als göttliche Instanz in uns.
3. Abschnitt: *Si tibi occurrerit* (§ 3) – *tamquam melior interest* (§ 5): Göttliches Wirken in der Natur und im menschlichen Geist.
4. Abschnitt: *Quis est ergo hic animus* (§ 6) – *Vale* (§ 8): Naturgemäßes, d.h. auf die Vernunft ausgerichtetes Leben als Proprium einer vollkommenen Geisteshaltung.

Interpretation und methodische Vorschläge

Anders als Brief 23, der ebenfalls mit dem Thema *bona mens* beginnt, stellt Seneca hier nicht eine Ermahnung an den Anfang, sondern die Bestätigung, dass Lucilius auf dem richtigen Weg ist: *ut scribis, perseveras ire ad bonam mentem.* Dennoch hat dieser Abschnitt **(§§ 1 und 2)** paränetischen Charakter: Dem Lob für Lucilius folgt ein scharfes *non,* mit dem Seneca seine Kritik an der Form der Gottesverehrung einleitet; in diese Kritik bezieht er in urbaner Weise sich selbst mit ein (*nos, possi***mus**). Die Antithese, die Senecas Gottesauffassung dem gegenüberstellt, wird durch das Asyndeton verstärkt. Durch seine Prägnanz wird dieser Satz zu einer eingängigen Sentenz: *prope est a te deus, tecum est, intus est.* Im gleichen Maße, wie die Gottesdefintion an den Menschen heranrückt, werden die drei Kola kürzer. Diese Klimax findet ihre Fortsetzung in einem kategorischen *ita dico* **(§ 2)**; es leitet zur Erklärung der Aussage über, Gott sei *in uns*: Dieser Gott ist ein heiliger Geist **in uns**; die Bedeutung dieses Satzes wird durch die Wortstellung abgebildet: *sacer ... spiritus* umgibt *intra nos.* Er ist die moralische Instanz, die das Gute und Schlechte behütet bzw. bewacht. Die Homoioteleuta *mal***orum** *bon***orum***que nostr***orum** legen ein besonderes Gewicht auf diese ethischen Begriffe, die für eine Entscheidung über ein sittlich gutes Leben stehen. Die Gottheit (*bona mens, deus, sacer spiritus;* vgl. Tafelbild) ist aber nicht eine absolute, unveränderliche Instanz, sondern der Mensch ist für sie selbst verantwortlich *(hic prout a nobis tractatus est, ita nos ipse tractat)*, er kann Einfluss ausüben, nicht durch Gebete, sondern durch die Bemühung um eine *bona mens.* Die rhetorische Frage *(an potest ... exsurgere)* weist nachdrücklich auf die Notwendigkeit solcher Bemühungen hin, um vom blindwütigen Schicksal unabhängig sein zu können. Einen Schlusspunkt setzt das Vergilzitat. Im restlichen Brief wird das, was Seneca in diesem ersten Abschnitt (§§ 1 – 2) kurz und eindringlich dargestellt hat, entfaltet: Die §§ 3 – 5 erklären die Bedeutung des Satzes *prope est a te deus, tecum est, intus est.* Die Frage, wie eine *bona mens* zu erreichen und definieren ist, beantwortet der Schlussteil des Briefes (§§ 6 – 8): *Quis est ergo hic animus?* (§ 6).
Seneca greift zur Verdeutlichung der Aussagen in §§ 1 und 2 auf den religiösen

Bereich zurück, der den Römern vertraut ist (vgl. Tafelbild): Das göttliche Walten wird spürbar in der Natur, in einem dunklen, stillen Wald, einer Grotte, Flussquellen, heißen Quellen und dunklen Seen. Dabei spricht jedoch Seneca nicht von den einzelnen Gottheiten, die die Römer an solchen Stellen verehrten, sondern ihm kommt es auf das *numen* **(§ 3)**, das Verspüren einer göttlichen Kraft, an. Die Wahrnehmung eines *numen*, einer *caelestis potentia* **(§ 5)**, ist auch der entscheidende Punkt im vorliegenden Vergleich: Wie an den genannten besonderen Orten in der Natur Gott erfahrbar wird, so auch bei einem herausragenden Menschen, der die Eigenschaften eines stoischen Weisen erreicht hat. Gott ist in ihm (*intus est*, § 1; *vis isto divina descendit*, § 5), und zugleich ist der *animus* des Weisen auch in Gott *(maiore sui parte illic est, unde descendit)*. Gerade der Vergleich mit der Natur legt die These nahe, Senecas Auffassung sei pantheistisch. Sie entspricht aber auch stoischer Lehre (vgl. Textausgabe, Begleittext 3, S. 66 und Tafelbild), die den *sacer spiritus* (§ 2) mit Allgeist, Weltvernunft, Weltseele und Logos gleichsetzt (H. Wimmershoff, S. 99 – 100). Zugleich lassen sich jedoch viele Textstellen bei Seneca finden, die auf ein personales Gottesverständnis hinweisen, so z.B. in Brief 95 (vgl. Textausgabe, Begleittext 1, S. 65), wo es heißt, man solle an die Götter und ihre Güte glauben; Gott erweise Wohltaten, handle gut, schütze und strafe die Menschen. So wird die Auffassung vertreten, Seneca schreibe »keine logisch präzise Theologie« (G. Maurach, Seneca ..., S.144) oder Senecas Gottesbegriff sei »schon mit dem Wechsel zwischen Singular und Plural, zwischen personalem und pantheistischem Denken, alles andere als klar und eindeutig« (H. – P. Bütler / H. J. Schweizer, S. 53). Die Diskussion über den Gottesbegriff Senecas scheint mir aber eher ein Problem unseres christlich geprägten Denkens zu sein. Ich kann mir nicht vorstellen, dass der zeitgenössische Leser in der Antike sich diese Fragen gestellt hat. Sein religiöses Empfinden ist, wie das Beispiel der Gottesverehrung in der Natur zeigt, pantheistisch **und** personal gewesen.

In der Apostelgeschichte 17, 22 – 31 (vgl. Textausgabe, Begleittext 4, S. 66), zeigen sich deutliche Parallelen zu Seneca: Wenn auch Lukas die Verehrung Gottes nicht so strikt ablehnt, wie dies Seneca tut (ep. 95, 47 – 48; ep. 41, 1), so spricht er doch davon, dass Gott sich nicht von Menschen bedienen lasse und dass er nichts brauche. Ebenso wie Seneca weist Lukas die Verehrung eines Gottesbildes zurück. Auch das stete Bemühen, Gott zu ertasten und zu suchen, könnte man mit Senecas Aufforderung vergleichen, an der *bona mens* zu arbeiten. Lukas' Äußerung, der Mensch lebe in Gott, bewege sich in ihm, sei in ihm und sei von Gottes Art, scheint nur auf den ersten Blick mit Senecas These *prope est a te deus, tecum est, intus est* übereinzustimmen. Denn das Ziel der stoischen Philosophie ist es, *parem deo facere* (ep. 48, 11), also den Menschen gottgleich zu machen. Werden zu wollen wie Gott, setzt der Christ jedoch mit dem Sündenfall gleich (H.-P. Bütler / H. J. Schweizer, S. 52 – 53). Der einzige Vorzug Gottes gegenüber dem vollkommenen Weisen ist, dass Gott länger existiert (vgl. Textausgabe, Begleittext 4, § 11, S. 53–54); Gott hat sogar einen Punkt, in dem er dem Menschen unterlegen ist: Gott hat durch das Geschenk der Natur keine Furcht, der Mensch durch die eigene Vollkommenheit, die ihm die Beschäftigung mit der Philosophie gegeben hat (vgl. auch Textausgabe, Arbeitsauftrag Nr. 8, S. 55). Diese Selbsterlösung durch menschliche Kraft lehnt der Christ ab; er glaubt an die Erlösung durch Christus, den Gott ihm offenbart hat, und dies ist der zentrale Unterschied: Senecas Philosophie kennt keine göttliche Offenbarung.

Wie ist eine *bona mens*, das göttliche Element in uns, zu definieren bzw. zu erreichen? Diese Frage beantwortet Seneca im letzten Abschnitt des Briefes mit Hilfe von Bildern (vgl. Tafelbild). Dem Wesen von Pferd, Löwe und Rebe widerspricht das Gold: In allen drei Bildern erscheint *aureus* bzw. *aurata* als besonders wesensfremd, seien es die goldenen Zügel **(§ 6)**, die vergoldete Mähne (§ 6) oder goldene Beeren und Blätter **(§ 7)**. Diese Gemeinsamkeit ist gewiss beabsichtigt: Gold steht für Schmuck, äußeren Glanz, Schein. Das Naturgemäße ist hingegen schön und nützlich; so auch beim Menschen: *natura* ist der verbindende Begriff. *Secundum naturam suam vivere* ist das Proprium des Menschen, das aus ihm selbst heraus erreicht werden muss; *suus* und *ipse* werden in diesem Abschnitt immer wieder hervorgehoben. Alles Übrige ist nur »drumherum«: Familie, Haus, Besitz, Geld. Die Homoioteleuta *famili***am** *formons***am**, *dom***um** *pulchr***am**, *mult***um** *seri***t**, *mult***um** *fenera***t** betonen die Menge dessen, was nicht aus dem Weisen selbst stammt. Um weiter auszuführen, wie ein Leben *secundum naturam* zu gestalten ist, eignet sich besonders gut *de vita beata*, Kapitel 4 (vgl. Textausgabe, Begleittext 5, S. 66–67 und Tafelbild). Ein solches Leben führt zwangläufig zur inneren Gelöstheit, zur Freiheit, zu einer tief empfundenen Freude, zur **vita beata**. Die geistigen Grundlagen für eine wahre Freude und die Unterscheidung zu einer Freude, die nur oberflächlich empfunden wird, behandelt ausführlich Brief 23.

Einen Beitrag zu leisten für ein glückliches und erfülltes Leben muss auch das Ziel der Erziehung sein. Sind die Ziele, die Seneca hier nennt, rein theoretisch oder könnten Sie auch heute als Bildungs- und Erziehungsziele Gültigkeit haben? Unterstützt die Schule diese Erziehungsziele? Wenn in den Lehrplänen von der Entfaltung der Persönlichkeit als Ziel die Rede ist, so steht genau das Thema »Proprium des Menschen« zur Diskussion: Die meisten der Merkmale, die Seneca in Brief 41 und in *de vita beata*, 4 (vgl. Textausgabe, Begleittext 5, S. 66–67), als für den Menschen konstituierend bezeichnet, haben auch heute ihre Gültigkeit. Bei einem enormen Angebot von materiellen Gütern, Informationen und Bildern – Seneca würde dies unter die *fortuita* einordnen – ist es besonders wichtig, sein Proprium zu finden. In einer Welt, die sich immer schneller verändert, ist die Ausbildung ethischer Maßstäbe von zentraler Bedeutung. Dies heißt nicht, dass der Mensch sich in ein Schneckenhaus zurückziehen darf: Seneca fordert im Gegenteil die Kenntnis der Welt und die Sorge um die Mitmenschen (*perita rerum, humanitate multa et conversantium cura; de vita beata,* 4, 2). Seneca konzentriert sich ansonsten jedoch bei der Wesensbestimmung des Menschen auf den intellektuellen Bereich; er übergeht z.B. die Ausbildung musischer, schöpferischer und körperlicher Anlagen, deren Bedeutung für die Entwicklung einer Gesamtpersönlichkeit unser Bildungssystem berücksichtigt.

Tafelbild und Aufstellung zu Epistel 41

DEUS

§§ 1 – 2

Paraphrasen:	*Ort:*	*Wirkung/Eigenschaften*
bona mens		rem optimam et tibi salutarem
(deus) sacer spiritus	possis **a te** inpetrare, prope est **a te**, **tecum** est, **intus est**, **intra nos** sedet	
		malorum bonorumque nostrorum observator et custos; prout a nobis tractatus est, ita nos ipse tractat -> bonus vir -> supra fortunam exsurgere -> dat consilia magnifica et erecta
	in unoquoque virorum bonorum habitat	

§§ 3 – 5

Natur (§ 3)	Mensch (§ 4 – 5)
1. lucus: – frequens vetustis arboribus et solitam altitudinem egressis conspectum caeli densitate ramorum summovens – illa proceritas silvae – secretum loci – admiratio umbrae in aperto → **fides numinis**	homo: – **in**territum periculis – **in**tactum cupiditatibus – **in**ter adversa felicem – **in** mediis tempestatibus placidum – **ex** superiore loco homines videntem – **ex** aequo deos
2. specus: – saxis penitus exesis montem suspenderit – non manu factus, sed naturalibus causis in tantam laxitatem excavatus → **religionis suspicio**	→ **veneratio** animum: – excellentem, moderatum, omnia tamquam minora transeuntem, quidquid timemus optamusque, ridentem
3. magnorum fluminum capita → **veneramur**	→ **caelestis** potentia
4. aquarum calentium fontes → **coluntur**	→ **adminiculum numinis**
5. stagna: – opacitas – immensa altitudo → **sacravit**	→ **animus magnus ac sacer**

	Proprium (<–> Wesensfremdes)	
	menschlicher animus	*Bild*
§ 6	nullo bono nisi **suo** nitet (<–> aliena: ad alium transferri protinus possunt)	equus (<–> aurei freni) leo: incultus, integri spiritus, impetu acer, qualem illum **natura** esse voluit, speciosus ex horrido, non sine timore aspici (<–> aurata iuba, contractatur, patientiam recipiendi ornamenti, fatigatus, languido, bratteato
§ 7	gloriari **suo**	vitis: fructu palmites onerat, fertilitas (<–> aureae uvae, aurea folia)
	quod **ipsius** est (<–> familiam formonsam, domum pulchram, multum serit, multum fenerat) **in ipso** est (<–> circa ipsum)	
§ 8	quod nec eripi potest nec dari, quod **proprium** hominis est: animus et ratio in animo perfecta, rationale animal, cui nascitur = **secundum naturam suam vivere** (<–> communis insania, vitia)	

41 B 5

- *Verachtung alles Zufälligen*
- *Freude an sittlicher Vollkommenheit*
- *Kenntnis der Welt*
- *Gelassenheit im Handeln*
- *Menschenfreundlichkeit*
- *Sorge um den Mitmenschen*
- *Unabhängigkeit, Aufrichtigkeit, Unerschrockenheit, Standhaftigkeit*
- *Erkennen der Wahrheit*
- *Umgänglichkeit*
- *Freiheit von Furcht und Schmerz*

Freiheit, innere Ruhe, unerschütterliche Freude, geistige Gelöstheit => vita beata

(Tafelbild zu Arbeitsauftrag Nr. 5, S. 64)

Gottesdefinition	**Verhältnis Gott – Mensch**
41 B 1 – Götter leiten die Welt – regieren das All	– keine Verehrung, kein Dienst – Mensch muss Gott mit Geist erfassen, kennen – Gottesverehrung ist Glaube an die Götter und ihre Güte – die Götter werden günstig gestimmt durch Gutsein und Nachahmung der Götter. – Gott erweist Wohltaten ohne Gegenleistung – Gott kann nur gut handeln – Götter schützen die Menschen, ohne sich manchmal um einzelne zu kümmern – weisen Menschen in Schranken, strafen
41 B 2 – prima et generalis causa: **ratio faciens** **15 B 5**	– der Weise wird von den Göttern nur durch deren längere Existenz übertroffen – der Weise ist Gott dadurch überlegen, dass er durch sein eigenes Werk zur Befreiung von Furcht gelangt
41 B 3 – aktives geistiges Prinzip – durchdringt die Materie, belebt und gestaltet sie zweckbewusst – schöpferische Urkraft – erste Ursache allen Seins – Logos, trägt die vernünftigen Keimkräfte aller Dinge in sich – mit Materie unlöslich verbunden – feuriger Geist, denkendes Feuer – Pneuma, durchdringt alles	– (also auch den Menschen)
41 B 4 – hat die Welt erschaffen – Herr über Himmel und Erde – gibt allen das Leben, den Atem und alles	– lässt sich nicht von Menschen bedienen, braucht nicht etwas – hat aus einem einzigen Menschen das ganze Menschengeschlecht erschaffen – setzte für die Menschen Zeiten und Wohnsitz fest

	– Menschen sollen Gott suchen, ertasten
– Mensch lebt, bewegt sich und ist in Gott; Mensch ist von Gottes Art	
– hat über die Zeiten der Unwissenheit hinweggesehen – wird den Erdkreis in Gerechtigkeit richten durch einen Mann, den er von den Toten auferweckte.	

Epistel 54

Gliederung

1. Abschnitt: *Longum mihi commeatum* (§ 1) – *videtur molestius* (§ 2): Ein Asthmaanfall.
2. Abschnitt: *Quidni?* (§ 2) – *conatus est* (§ 2): Deutung der Krankheit als Einübung des Todes.
3. Abschnitt: *Hilarem me putas* (§ 3) – *adquiescere* (§ 3): Möglichkeiten, die Krankheit zu bewältigen.
4. Abschnitt: *»Quid hoc est«* (§ 4) – *non esse* (§ 5): Bedeutung des Todes.
5. Abschnitt: *His et eiusdem exhortationibus* (§ 6) – *ex animo suspirem* (§ 6): Abklingen des Anfalls.
6. Abschnitt: *Hoc tibi de me recipe* (§ 7) – *Vale* (§ 7): Freiheit des *sapiens* im Angesicht des Todes.

Interpretation und methodische Vorschläge

Brief 54 ist ein sehr persönlicher Brief: Die häufige Verwendung der ersten Person Singular und der Pronomina der ersten Person *ego, mihi* und *me* lassen dies erkennen. Der Brief ist aber auch formal ein Dialog mit Lucilius, den Seneca Zwischenfragen stellen lässt (*»Quo genere«, inquis; interrogas,* § 1; *»Quando«, inquis,* § 4), und den er oft anspricht und einbezieht (zweite Person Singular, Imperativ, Anrede *»mi Lucili«*, erste Person Plural). Der fingierte Einwurf ist ein Stilmittel, das Seneca häufig verwendet, um den Eindruck einer echten Korrespondenz zu vermitteln; dennoch will dieser Brief dem Leser in besonderem Maß als echt erscheinen: Seneca erzählt detailliert von einem Asthmaanfall, den er durchlitten hat.

Der Brief ist überwiegend von den Sachfeldern »Krankheit (und deren Verlauf)« und »Tod« geprägt (vgl. Tafelbild). Die §§ 1 – 3 sowie § 6 behandeln das Thema »Krankheit«, wobei § 6 genau den Verlauf des Anfalls beschreibt: Seneca ist dem Ersticken *(anhelitus)* nahe, doch dann wird die Atemnot durch größere Pausen unterbrochen *(intervalla maiora)*, der Anfall lässt nach *(retardatum est)*, hört schließlich auf, aber es bleibt am Ende ein Stocken des Atems zurück *(remansit, haesitationem, moram)*. Die §§ 4 – 5 und 7 sind dem Thema »Tod« gewidmet. Aber auch in den anderen Abschnitten ist der Tod als mögliche Folge der Krankheit stets präsent; dies wird besonders deutlich bei den Ausdrücken *exspirat* und *animam egerere* (§§ 1 und 2), die sowohl auf den Asthmaanfall zu beziehen sind (»ausatmen«, »den Atem hinauswerfen«), als auch »sterben« bedeuten können. Fast unmerklich führen diese Begriffe zur Todesthematik hin, die zum ersten Mal in dem Ausdruck *meditatio mortis* (§ 2) erwähnt wird. In § 3 werden zwei Möglichkeiten zur Bewältigung von Krankheit und Tod genannt, von denen die letztere, die geistige Bewältigung, vertieft wird. Die Beschreibung des Asthmaanfalls bildet in diesem Brief einen Rahmen um die Paragraphen, die die Deutung und Bewältigung von Krankheit und Tod behandeln: In § 6 kommt Seneca auf die Symptome des Anfalls, die in § 1 geschildert wurden, zurück; der Anfall klingt ab. Auf den ersten Blick scheint § 7 in keinem Zusammenhang zu § 6 zu stehen; doch der Ausdruck *ex animo suspirem* am Ende von § 6 hat die Funktion eines Scharniers: *suspirem* weist auf die Schilderung des Anfalls (*suspirium*, § 6) zurück, während *ex animo* das Thema des letzten Abschitts einleitet: die geistige, aktive Bewältigung des Todes.

Seneca deutet den Asthmaanfall als *meditatio mortis* **(§ 2)** und versucht deshalb, ihn geistig zu bewältigen *(cogitationibus laetis ac fortibus)*. Er weiß, dass diese Krankheit einmal zum Tod führen kann (*facit enim aliquando spiritus ille, quod saepe conatus est*, § 2); der moderne Leser weiß es besser: nicht die Krankheit, sondern Nero wird ihn töten. Weil nicht die Verdrängung, sondern nur die rationale Auseinandersetzung mit der Krankheit zu deren Bewältigung führen kann, lehnt es Seneca auch ab, sich mit dem Ende des Anfalls zu trösten **(§ 3)**. Der Tod stellt Seneca immer wieder **(§ 4)** auf die Probe, doch Seneca hat ihn schon vor der Geburt kennengelernt. Der Gedanke, der schon aus Brief 4, 3 und aus *de tranquillitate animi* 11, 4 bekannt ist (Textausgabe, Begleittext 4, § 4, S. 47), wird in **§ 5** vertieft: Die Darstellung auf einem Zeitstrahl kann ihn verdeutlichen (vgl. Tafelbild).

Der Ausdruck *His et eiusmodi exhortationibus* **(§ 6)** fasst Senecas Gedanken zur *meditatio mortis* zusammen und erinnert den Leser daran, dass Seneca in § 1 mit der Schilderung des Asthmaanfalls begonnen hatte.

Statt einer Zugabe, z. B. in Form eines Epikurzitats, wird Lucilius in diesem Brief Senecas persönliche, feste Haltung mitgegeben (*hoc tibi de me recipe*, **§ 7**). Ein Blick auf die Verben zeigt die häufige Verwendung des Wortes *eicere* im Passiv, an einer Stelle wird es ersetzt durch *expelli*. Sowohl die Bedeutung des Wortes als auch die Verwendung des Passivs stehen für die Haltung, die der *sapiens* ablehnt: Er will nicht passiv den Tod als ein »Hinausgeworfenwerden« erfahren, sein Ziel ist es, vorbereitet und in der Haltung einer aktiven Freiwilligkeit dem Tod zu begegnen; nur so kann man mit Freude leben. Brief 61, der sich ganz dem Thema »Vorbereitung auf den Tod« widmet, zeigt ausführlicher, was Seneca unter Freiheit bzw. Zwang versteht (auch als Tafelbild zu Arbeitsauftrag Nr. 5 b und c, S. 67 verwendbar):

Zwang	Freiheit
- Handeln gegen seinen Willen - sich sträuben - Sklaverei: tun, was man nicht will => armer Wicht - Abhängigkeit von Materiellem	- Konzentration auf den heutigen Tag als den möglichen Todestag - Bereitschaft, aus dem Leben hinauszugehen (= Lebensgenuss) - Freiwillige Annahme von Befehlen - Vorbereitung des Geistes auf den Tod und zur Erkenntnis, dass man – unabhängig von der Lebensdauer – genug gelebt hat

Wird Lucilius Senecas fester Versicherung *non trepidabo ad extrema* Glauben geschenkt haben? Durch den Bericht des Tacitus sind wir in der Lage, Senecas Anspruch an seinem eigenen Verhalten im Angesicht des Todes zu messen (vgl. Textausgabe, Begleittext 2, S. 68–70). Auch wenn wir davon ausgehen, dass Seneca »so oder doch fast so« (G. Maurach, Seneca ..., S. 47) gestorben ist, müssen wir doch immer die Bearbeitung des Schriftstellers Tacitus berücksichtigen. Die seit Wilamowitz immer wieder geäußerte Kritik an der Theatralik der Szene mag hier deshalb übergangen werden. Unbestreitbar bleibt Senecas unerschrockene Haltung, als er zum Selbstmord gezwungen wird (*interritus, ann.* 15, 62); gemäß seinen philosophischen Grundsätzen fordert er diese von sich, aber auch von den anderen, die versuchten, mit ihm nach der stoischen Philosophie zu leben (*ann.* 15, 62). Die ratio muss so weit eingeübt werden (*ann.* 15, 62), dass man gerne stirbt (*non piget mori, ep.* 54, 7). Der äußeren Gewalt (vgl. *necessitatem, ep.* 54, 7) begegnet Seneca mit Selbsttötung, wobei er laut Tacitus die Todesart und die Dauer selbst bestimmt; in dieser Situation ist er sogar noch in der Lage, seinen Schreibern zu diktieren (*ann.* 15, 63), und er gestaltet sein Sterben in Freiheit nach dem großen Vorbild Sokrates, dessen Tod Platon im *Phaidon* beschreibt. Die kurze Charakterisierung des Grafen Schwerin (vgl. Textausgabe, Begleittext 3, S. 70) mit dem Satz »Da ist einer, der zu sterben weiß« kann ferner zur Deutung des letzten Abschnitts in Brief 54 (§ 7) hinzugezogen werden. Die Opfer des 20. Juli wussten um die Lebensgefahr, in die sie sich begaben. Die Ruhe und die aufrechte Haltung, von der in dem Text über Graf Schwerin die Rede ist, verdeutlichen den schwer zu begreifenden Satz *eicior quidem, sed tamquam exeam* (§ 7). Es kann auch in einem gewaltsamen Tod Freiheit liegen, die die Gewalt der Mörder besiegt. Diese innere Freiheit ist die Freiheit eines *sapiens*, der zu sterben weiß. Die Entstehungsgeschichte des Gemäldes »Der sterbende Seneca« von Peter Paul Rubens (vgl. Textausgabe, Begleittext 4, S. 70–71 und S. 69) macht deutlich, welches Verhältnis Rubens Zeit zur Antike hatte: Mit großer Begeisterung nahm man die stoischen Lehren auf und machte sie für das eigene Leben wirksam. Rubens war so begeistert von seiner Entdeckung der Statue, die er mit seinen Zeitgenossen als Seneca deutete, dass er die offensichtlichen Unterschiede zu einem antiken Porträt, das er, ebenfalls fälschlich, für eine Senecabüste hielt, einfach übersah. Die Darstellung des sterbenden Seneca lehnt sich sehr eng an Tacitus' Bericht an (vgl. Textausgabe, Begleittext 2, S. 68–70). Senecas Gesichtsaus-

druck ist geistig-verklärt, der Blick nach oben gerichtet, was an Märtyrerdarstellungen erinnert. Deutliche Parallelen lassen sich auch zu einer Kreuzesgruppe finden: In der Bildkomposition sind Vertikale und Horizontale angedeutet; der Centurio mit der Lanze und die Gruppe um Seneca, besonders der zu Seneca aufblickende Schreiber, sind Elemente, die an Kreuzesdarstellungen erinnern. Der Neustoizismus hat eine enge Verbindung zwischen Seneca und der christlichen Lehre hergestellt und stellte sich damit in eine lange Tradition (vgl. Textausgabe, Begleittext 5, S. 59); Rubens kann man einen christlichen Stoiker nennen (O. v. Simson).
Seneca zeigt sich standhaft gegenüber den großen Schmerzen, die das Öffnen der Adern verursacht. Die Haltung seiner Arme deutet auf keinerlei Abwehr hin, der rechte Arm ist erhoben, während Seneca dem Schreiber einige Gedanken diktiert. Der bei Tacitus erwähnte Centurio und ein Soldat stehen im Hintergrund; alle Personen um Seneca herum zeigen in ihrem Gesichtsausdruck Bewunderung für den Philosophen, dieselbe Bewunderung, die auch Rubens für ihn empfand. Das Thema »Der Tod des Philosophen« würde sich für ein größeres Referat oder eine Facharbeit – ausgehend von den Briefen 24 und 54 – eignen. Dabei könnte die Todesdarstellung der Philosophen Sokrates, Seneca, Cato in der Malerei und/ oder Literatur im Mittelpunkt stehen. Neben dem zitierten FAZ-Artikel von von Simson sei auf das Buch von Gabriele Oberreuter-Kronabel hingewiesen. Einen guten Überblick gibt ferner: Ute Schmidt-Berger, Naturgemäß leben – philosophisch sterben, Zu Seneca und zur Wirkungsgeschichte der Stoa, Landesinstitut für Erziehung und Unterricht, Materialien Latein, Stuttgart, August 1990 (L 51).

Tafelbild und Aufstellung zu Epistel 54

§ 1 **Asthmaanfall: suspirium,** impetus

Deutung: exspirat

§ 2 animam egerere

meditatio **mortis**

§ 3 **Bewältigung:** *keine Verdrängung* (effugere ≠> hilaris; finis ≠> delector)

<–> sondern (vero)

geistige Bewältigung: cogitationibus laetis ac fortibus

§§ 4/5 **Mors=** → aliquid patimur → **Mors=**

non esse | | non esse
ante me | | post me
accendimur | | extinguimur

nulla vexatio
alta securitas

nulla vexatio
alta securitas

§ 6 *Abklingen des Anfalls:*

suspirium intervalla maiora fecit retardatum est, at remansit, haesitatio

Trost: non ex **animo suspirem**

§ 7 Passiv: ◄——► Ziel des *sapiens: geistige,* **aktive**, *freiwillige Bewältigung*

eiciaris	non trepidabo
eicior	praeparatus sum
eicitur	cogito
eici	non piget mori, cum iuvet vivere
expelli	exeam

invitus ◄——► **vult**, quod (necessitas) coactura est

Tafelbild und Aufstellung zu 54 A 2 (a)

	Krankheit	Tod
§ 1	mala valetudo, morbo Graeco nomine, suspirium, impetus	
	exspirat	
§ 2	corporis aut incommoda aut pericula, aegrotare	animam egerere meditatio mortis
	spiritus	
§ 3	suffocatione	
§ 4		mors = non esse
§ 5		extincta est extinguimur, mortem
§ 6	suspirium, anhelitus coeperat, intervalla maiora, retardatum est, remansit, desierit, nec ex natura fluit spiritus, haesitationem, moram, ex animo suspirem	
§ 7		ad extrema, mori, eiciaris, exire, eicior, exeam, eicitur, eici, expelli, recedas.

Epistel 74

Gliederung

1. Abschnitt: *Epistula tua* (§ 1) – *evocavit* (§ 1): Lucilius' Brief und seine aufrüttelnde Wirkung.
2. Abschnitt: *Quidni tu* (§ 1) – *felix est* (§ 1): Hinführung zum Thema: Leben mit dem sittlich Guten als höchstem Gut oder Leben für andere Güter.
3. Abschnitt: *Hic* (§ 2) – *missilia eius expectat* (§ 6): Leben für andere Güter in Abhängigkeit vom blindwütigen Schicksal.
4. Abschnitt: *Hanc enim imaginem* (§ 7) – *magis pendeant* (§ 9): Die »Gaben« Fortunas und ihre Folgen.
5. Abschnitt: *Quicumque beatus esse* (§ 10) – *abitura contingant* (§ 11): Falsches Urteil über die Vorsehung als Folge eines Lebens für andere Güter.
6. Abschnitt: *Inde est* (§ 11) – *est locus* (§ 11): Unruhe und Unvollkommenheit eines Lebens für andere Güter.
7. Abschnitt: *Quaeris* (§ 12) – *optima spectemus* (§ 13): Feste Geisteshaltung als Grundvoraussetzung für die Autarkie eines Lebens in sittlicher Vollkommenheit.

Interpretation und methodische Vorschläge

Die ersten Worte des Briefes erwecken beim Leser den Eindruck, dass Seneca auf einen Brief des Lucilius antwortet. In verbindlicher Weise dankt Seneca Lucilius dafür, dass er seinem nachlassenden Erinnerungvermögen auf die Sprünge hilft; die drei Prädikate *delectavit, excitavit, evocavit* beschreiben die Wirkung des Briefes auf Seneca, die sich von Freude über Anregung bis zum Aufrütteln steigert. Bereits der zweite Satz führt zum Hauptthema des Briefes hin: Es geht um das *honestum* als einziges wahres Gut, wobei Seneca gleichsam unter der Hand einen neuen Fundamentalbegriff einfließen lässt: *beata vita* (G. Maurach, Der Bau ..., S. 156). Dieses Thema wird jedoch nicht in theoretischer Weise eingeleitet, sondern die Formulierung der These als Frage zeigt, dass auf eine konkrete Situation hin argumentiert wird (Hildegard Cancik, S. 28), ein von Seneca häufig gebrauchtes Mittel, um den Eindruck von Urbanität zu vermitteln.

Die **§§ 2 – 6** führen Beispiele für das Walten der Fortuna und die Affekte, die in der Folge ausgelöst werden, an (s. Tafelbild). Die Voraussetzung dafür, dass Fortuna den Menschen überhaupt treffen kann, ist schon in § 1 genannt: Wenn der Mensch anderes als das *honestum* für ein Gut hält, gelangt er in die Macht der Fortuna, d. h. unter fremden Einfluss; die Antithese *alieni arbitrii fit – intra se felix est* unterstreicht diese Aussage. Dabei zählt Seneca durchaus nicht nur Materielles unter die *bona* (G. Maurach, Der Bau ..., spricht dagegen nur von Materiellem (S.156)), sondern das erste Beispiel, das er nennt, ist der Verlust der Kinder, Materielles wird erst in § 4 erwähnt. Seneca macht es also Lucilius nicht einfach, die feste Überzeugung zu behalten *unum bonum esse, quod honestum est* (§ 1). Die Beispiele, die durch variierende Anaphern *hic, hic, hic, illum, illum, non deerit,* *quem, erunt, quos* eingeleitet werden, stellen den Leser auf eine harte Probe: Auf Tod, Krankheit und Schande der Kinder folgt die Liebe zu einer fremden oder, paradox formuliert, zur eigenen Frau. Am Ende des Paragraphen stehen das Scheitern bei der Bewerbung um ein Amt und der Ehrgeiz. Die Reihe erschien wohl auch dem Leser der Zeit Senecas als Antiklimax.

§ 3 ist ganz dem Thema *expectatio mortis* gewidmet; die Urangst des Menschen, sein Leben zu verlieren, bewirkt, dass man sein ganzes Leben nur in Unruhe verbringt. Die Metonymie *palpitantibus praecordiis* (durch Alliteration betont) (vgl. hierzu G. Maurach, Der Bau ..., S. 156 und Anm. 73) schließt den Gedanken ab.

Dreimaliges *occurrent* führt (**§ 4**) die Beispiele fort, die immer ausführlicher und zugleich allgemeiner dargestellt werden:

Verbannte, Leute, denen der Besitz genommen wurde, Menschen, die trotz materiellen Reichtums arm sind, Schiffbrüchige im weitesten Sinne, die der Volkszorn oder Neid treffen kann, ohne dass sie es erwarten und ohne dass ein eigentlicher Grund vorliegt. Bei der letzteren Gruppe könnte Seneca an die vielen Politiker gedacht haben, die Nero ausschalten ließ, weil sie zu mächtig geworden waren, oder in den Dunstkreis unliebsamer Personen gekommen waren. Kaum merklich führt Seneca den Leser mit Hilfe der Blitz-Metapher zu dem Gedanken, dass gerade die Furcht vor etwas, was man erleiden könnte (*pati posse*, § 4), am meisten beunruhigt; allein das Geräusch eines kommenden Unheils erschreckt uns (*sonus, crepitum*, **§ 5**). Diese Furcht gehört zu den *mala aliena* (§ 5; vgl. § 1 *alieni arbitrii fit*), sie gründet auf einer bloßen *opinio* und den *suspecta* (§ 5). Seneca ist nach Erörterung der konkreten Beispiele für das Walten der Fortuna zum Ausgangspunkt zurückgekommen: Glück ist in Abhängigkeit von Gütern, deren möglicher Verlust Angst einflößt, nicht möglich (§ 5); denn sie sind vom Zufall abhängig (*fortuita*, **§ 6**), kommen von außen (*externa*, § 6) und bewirken endlose Unruhe. Die allegorische Darstellung der Fortuna verdeutlicht diese Aussage und führt zum Anfang (§ 1) zurück. Im Gegensatz zur Unsicherheit, die die Gaben der Fortuna mit sich bringen, steht der, der mit dem *honestum* zufrieden ist und auf die *virtus* vertraut (§ 6).

Nach diesem vorläufigen Abschluss wird in **§§ 7 – 9** das Fortuna-Thema vertieft. Ehre, Reichtum und Einfluss sind ihre Gaben (**§ 7**), deren Wirkung unberechenbar und diffus ist. Dies zeigt sich schon durch formale Beobachtungen: Die Anaphern *alia, alia, alia* führen die unterschiedlichen, aber immer negativen Folgen für den Menschen ein; die letztgenannte Auswirkung wird durch zweimaliges *quaedam* nochmals differenziert. Im Gegensatz zum *honestum*, das das einzige Gut ist, sind Fortunas Gaben vielfältig, wechselhaft und verschaffen nie dauerhafte Freude. Wer auf sie baut, bezahlt einen hohen Preis, muss stets kämpfen und streiten (§ 7), lebt in innerer Unruhe und Zerrissenheit, will immer mehr und immer schneller alles haben (**§ 8**), seine Freude ist die Schadenfreude über das Scheitern der anderen; der Preis für ihre Gaben ist das Ausgeliefertsein gegenüber den Affekten und der Verlust der Unabhängigkeit (*ipsi magis pendeant*, **§ 9**). Der *vir sapiens* wird sich zurückziehen, wenn man beginnt, solche Gaben zu verteilen, und somit jedem Streit aus dem Wege gehen (§ 7). Diese

Aufforderung wiederholt Seneca zum Abschluss des Abschnitts in Form des Adhortativs.

Mit dem Gleichnis der Fortuna ist ein weiteres Bild verwoben: Im Theater werden durch den Kaiser kleine Geschenkchen (*munuscula*, § 7) verteilt. Der Weise flieht aus dem Theater, weil er weiß, dass im Kampf um diese »Geschenke« nur Blessuren zu ernten sind (§ 7); deshalb hält er sich von solchen Spielen fern (§ 9).

§ 10 greift fast wörtlich auf die Gegenüberstellung von *honestum* als *unum bonum* <–> *alia bona* zurück. Im Folgenden werden einige Aspekte variierend wiederaufgegeriffen (vgl. Tafelbild), der Zusammenhang ist jedoch ein neuer: Die negativen Folgen, die sich aus dem Streben nach falschen Gütern ergeben, müssen in enger Verbindung gesehen werden zu einem Fehlurteil über die Vorsehung (*providentia*, § 10). Wer ein anderes Gut als das sittlich Gute für erstrebenswert hält, wird zu einem schlechten Urteil über die Vorsehung gelangen, weil auch gerechten Menschen vieles Unangenehme (*incommoda*, § 10) widerfährt, und weil alle anderen Güter begrenzt sind (*breve est et exiguum*, § 10), die Vorsehung also sie dem Menschen aus reiner Missgunst nicht endlos gibt. Die Menschen werden zur Erkenntnis gelangen, dass im Unglück wirkliche Werte verloren gehen und werden deshalb die Götter der Bosheit beschuldigen (So die Deutung von G. Maurach, Der Bau ..., S. 157). Die Folgen, die sich aus diesem Fehlurteil für das Leben der Menschen ergeben, sind fundamental: Der Mensch will weder leben noch sterben, er kann das Glück nicht finden. Die sittliche Vollkommenheit dagegen (*virtus*, § 12) ist frei von Affekten. Neu ist der Gedanke, dass Grundlage der *virtutes* eine feste, dauerhafte geistige Haltung sein muss, die alle Anfechtungen bewältigt. Die Anaphern *non, non; multa, multa* (§ 12); *perit, perit, perit; si, si, si* (§ 13) legen ebenso Nachdruck auf die Voraussetzungen für den Bestand der *virtutes pietas, fides, fortitudo, magnanimitas* und *gratia* wie auf deren Gefährdung, falls der Mensch von der Grunderkenntnis (*hoc ... iudicio*, § 12) abweicht, dass allein die sittliche Vollkommenheit nichts begehrt.

Zwischen den Aussagen Senecas über das Wirken der Fortuna und der Beschreibung der Existenzweise des Habens, die Erich Fromm gibt (vgl. Textausgabe, Begleittext 1, S. 72), lassen sich in vielen Punkten Parallelen erkennen. Für Fromm gehören zu den Objekten des besitzenden Subjekts alle natürlichen Objekte und Personen, die das Subjekt beherrschen und sich aneignen kann. Ebenso wie Seneca geht es Fromm bei der Definition einer Existenzweise des Habens also nicht nur um die materiellen Güter, sondern auch um das »Besitzen« von Personen. Senecas Begriff von den Gütern, die der Fortuna ausgesetzt sind, erstreckt sich ferner auf Ehre, Macht, Liebe, Leben, Einfluss, kurzum: alles, was der Mensch nicht in sich selbst besitzt (§ 1). Während Seneca das Hauptgewicht auf die Affekte legt, wenn er die Folgen eines Lebens untersucht, das seine Güter außerhalb des sittlich Guten sieht, hebt Fromm besonders den Aspekt der Illusion, der sich die Menschen hingeben, hervor: Das durch Habsucht (vgl. *cupiditates*, § 8) Erworbene ist selbst nicht dauerhaft, weil es zerstört werden oder seinen Wert verlieren kann; außerdem ist sein Besitzer abhängig von seiner gesellschaftlichen Stellung, seiner Gesundheit und dem Tod. Die Beziehung zwischen dem Besitz und dem Besitzenden ist eine wechselseitige: Der Besitzer besitzt und wird besessen; so wird das Subjekt zum Objekt, oder mit den Worten Senecas ausgedrückt, der Mensch gerät in die Macht Fortunas, bestimmt nicht mehr selbst, sondern über ihn wird bestimmt (§ 1). Er wird nicht in den Genuss dauerhafter Freude gelangen können, Freiheit und wahres Glück sind ihm verwehrt (§§ 7, 9, 11), die Beziehung zwischen Subjekt und Objekt ist tot (Fromm).

Tafelbild und Aufstellung zu Epistel 74, 1 – 13

§ 1 *Einleitung:* Epistula tua
-> delectavit me
-> excitavit
-> evocavit

Thema:

alia bona | iudicat: ◄——► | unum bonum

esse:
= **honestum**
= **vita beata**
d. h. **intra se** felix est

in **fortunae** venit potestatem,
alieni arbitrii fit

§§ 2 – 6	**Beispiele für das Walten der Fortuna**	**Folgen (Affekte)**	**(unum bonum esse: honestum)**
§ 2	1. amissis liberis, aegris, turpibus, sparsis infamia	maestus tristis	
	2. alienae/suae uxoris amore	cruciari	
	3. repulsa	distorqueat	
	4. honor	vexet	
§ 3	5. expectatio mortis	exagitat, timor, palpitantibus praecordiis	
§ 4	6. acti in exilium 7. evoluti bonis 8. in divitis inopes 9. naufragi		
	10. similiave naufragis passi – quos popularis ira, invidia disiecit	tremuerunt metus	

	11. pati **posse**	tristitia	
§ 5	12. mala aliena ac repentina, non ad ictum tantum, sed ad crepitum, opinioni credidit, suspecta	sollicitant exagitamur non beatus esse male vivitur	
§ 6	se fortuitis dedit	ingentem materiam perturbationis et inexplicabilem	una via: externa despicere honesto esse contentum
	aliquid melius virtute putat	sollicitus	

§§ 7 – 9 »Gaben« der Fortuna (vgl. munuscula) **(alia bona iudicat)**	**(unum bonum esse: honestum)**

§ 7

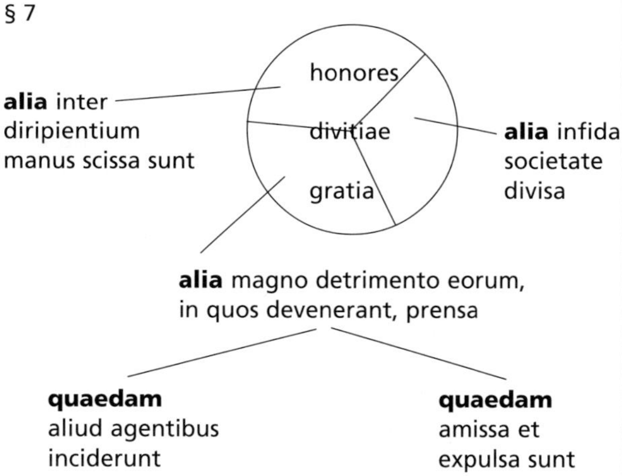

Folgen (Affekte):

≠> gaudium in posterum
=> rixa

Itaque
=>
prudentissimus a theatro fugit et scit magno parva constare

§ 8 => aestuamus miseri, distringimur
=> multas habere **cupimus** manus

=> modo in hanc partem, modo in illam respicimus => **cupiditates** nostras inritant § 9 => ire obviam cadentibus **cupimus** => gaudemus, si quid invasimus invadendique aliquos **spes vana** delusit => **vilem** praedam magno aliquo incommodo luimus, fallimur	
	Itaque =>
=> magis pendeant	secedamus ab istis ludis et demus raptoribus locum

§§ 10 – 13 Weitere Folgen und Auswirkungen einer Haltung:	
a) ullum aliud (bonum) existimat	**b) unum esse bonum: honestum**
§ 10 **neu:** => male de providentia iudicat § 11 => ingrati divinorum intrepretes => querimur (vgl. §§ 2 und 8) => nec vivere nec mori volumus, odium vitae timor mortis (vgl. §§ 3, 5, 8) => natat omne consilium nec implere nos ulla felicitas potest (vgl. §§ 5, 6, 8, 9)	
§ 12	resistat voluntas nostra virtus nullo egeat, praesentibus gaudet, non concupiscit absentia (vgl. §§ 1 und 6) magnum: quod satis **andernfalls:** **non** pietas, fides, fortitudo, magnanimitas, gratia ⏟ **virtutes**

Übergreifende Arbeitsaufträge

Lösungsvorschläge

1. ep. 1, 2: **Dum differtur vita, transcurrit.**

Sein Leben zu verschieben, heißt, nicht zu bemerken, wie die Zeit entgleitet (§ 1). Über die verlorene Zeit hat man keine Macht mehr, sie gehört dem Tod (§ 2). Die meisten Menschen begehen die Torheit, das Leben zu verschieben, indem sie der Zeit keinen Wert beimessen (§ 3). Seneca selbst führt immerhin Bilanz, ist sich des Verlusts bewusst (§ 4). Wenn das Leben nicht unbemerkt vorübereilen soll, dann ist rechtzeitig mit dem sparsamen Umgang mit der Zeit zu beginnen (§ 5).
Der Satz ist durch prägnante Kürze gekennzeichnet. Das zentrale Thema, um das es in den philosophischen Briefen geht, steht als Subjekt beider Prädikate in der Mitte.

ep. 4, 6: **Fac itaque tibi iucundam vitam omnem pro illa sollicitudinem deponendo!**

Ziel philosophischer Bestrebungen ist die wahre Freude (§§ 1 – 2). Größtes Hindernis ist die Furcht, vor allem die Furcht vor dem Tod (§ 3). Allein eine rationale Bewältigung dieser Todesfurcht (§§ 3 – 9) wird wahre Freude ermöglichen können. Wie die Todesfurcht ist auch die Angst um überflüssige Güter für ein Leben, das keine Ruhe, also auch keine wahre Freude findet, verantwortlich (§§ 10 – 11).
Die Paradoxie des Satzes liegt in der Aufforderung, sich gerade nicht um das zu sorgen, was man als höchstes Ziel verfolgt. Das Ziel ist durch eigenes Tun zu erreichen *(fac tibi)*. Die Sentenz wird stilistisch durch die Homoioteleuta *iucund***am** *vit***am** ... *omn***em** *sollicitudin***em** hervorgehoben. *pro illa* wird von *omnem ... sollicitudinem* umklammert, das Umsorgte von der Sorge »umhätschelt«.

ep. 7, 8: **Recede in te ipse, quantum potes!**

Der Umgang mit der Volksmenge (§ 1) verhindert die Besinnung auf sich selbst. Die Gefahr, von ihren schlechten Sitten infiziert zu werden, ist groß, am größten jedoch bei ihren Gladiatorenspielen (§§ 2 – 5). Deshalb ist der Rückzug von ihr für den Menschen, der ethisch noch nicht gefestigt ist, eine Notwendigkeit (§ 6); denn schlechte Beispiele färben ab (§ 7). Rückzug auf sich selbst heißt aber nicht Vereinzelung; der Umgang mit anderen Menschen kann sehr lehrreich sein (§ 8). Zu warnen ist allerdings vor einem profilneurotischen Bedürfnis, in der Öffentlichkeit aufzutreten (§ 9), dem Philosophen

genügt der Umgang mit wenigen, unter Umständen auch nur mit sich selbst (§§ 10 – 12).
Die schlichte Aufforderung *recede in te ipse* wird durch *quantum potes* eingeschränkt. Seneca ist sich bewusst, dass ein Leben in Vereinzelung nicht möglich und auch nicht wünschenswert ist. Die Verantwortung für die Besinnung auf sich selbst liegt bei jedem einzelnen, *ipse* bezieht sich auf das Subjekt, d.h., man muss persönlich aktiv werden, um die Selbstbestimmung zu erreichen.

ep. 15, 1 **»Si philosopharis, bene est«.**

Mit dieser Umwandlung der alten Grußformel *»si vales, bene est, ego valeo«* setzt Seneca Gesundheit mit Philosophieren gleich. Deshalb ist die Sorge um den Geist weitaus wichtiger als körperliches Training (§§ 2 – 4). Philosophieren ist zu fast jeder Zeit und nahezu überall möglich (§§ 5 – 6). Zu übertriebener Körperertüchtigung gehört alles, was ein natürliches Maß übersteigt (§§ 7 – 8). Wahre Gesundheit ist nur in einem Leben möglich, das frei ist von Unruhe, die durch das Streben nach den falschen Gütern hervorgerufen wird (§ 9). Der Maßstab für den Fortschritt auf dem Weg, Unabhängigkeit von allem Zufälligen zu erhalten (= wahre Gesundheit), ist der einzelne selbst; das Ziel, Freiheit von Fortuna, kann er erreichen, wenn er sich auf den heutigen Tag wie auf seinen letzten konzentriert (§§ 10 – 11).
Der Satz war besonders durch die Tatsache eingängig, dass die Briefformel jedermann bekannt war. Sicherlich dachte niemand mehr über den Sinn der Formel nach, Seneca gab ihr durch die Gleichsetzung *valere* = *philosophari* einen neuen Sinn. Seneca stellt die Sentenz an den Anfang des Briefes, der restliche Brief erläutert ihn.

ep. 23, 4: **(Mihi crede,) verum gaudium res severa est!**

Wahre Freude ensteht aus einer sittlich guten Geisteshaltung (§ 1), die Wissen über den Gegenstand der Freude voraussetzt. Sie unterscheidet sich grundlegend von einer nur oberflächlichen Heiterkeit: Sie ist Ergebnis philosophischen Bemühens des Menschen um sittliche Vollkommenheit und hat ihre Quelle nicht in äußeren Gütern (§§ 2 – 8). Ohne diese ernsthafte Einstellung wird man stets nach neuen Wegen zum Glück suchen und niemals die Überzeugung erlangen, man habe genug gelebt (§§ 9 – 11).
Die paradoxe Aussage, Freude sei etwas Ernstes, lässt den Leser erkennen, welch vordergründiges Verständnis von Freude verbreitet ist. Seneca rüttelt ihn zum Umdenken auf.

ep. 24, 12: **Illud autem ante omnia memento, demere rebus tumultum ac videre, quid in quaque re sit!**

Allein eine rationale Auseinandersetzung mit der Furcht und ihren Ursachen hilft, innere Ruhe und Ausgeglichenheit zu finden. Dies gilt z. B. für die schwierige Situation, in der sich Lucilius befindet, und bedeutet nicht, sich über eine drohende Gefahr hinwegzutrösten (§ 1), im Gegenteil: Zur Bewälti-

gung von Furcht gehört, alle Möglichkeiten dessen, was eintreten kann, geistig vorwegzunehmen (§ 2). Beispiele aus der Geschichte für die Bewältigung der schlimmsten aller denkbaren Möglichkeiten, nämlich des Todes, gibt es genügend (§§ 3 – 11). Die Demaskierung des Todes zeigt auch, dass der Tod in bestimmten Situationen eine Wohltat sein kann, mag er sogar mit Qualen verbunden sein (§§ 11 – 14). Gerade diese Demaskierung ist Aufgabe der Philosophie, andernfalls würde sie sich in theoretischen Wortspielen erschöpfen (§ 15). Bei der Überprüfung, was denn an den Dingen »dran ist« *(quid in quaque re sit)*, wird man auch zu der Erkenntnis gelangen, dass es Tod, Schmerz, Armut, Verbannung und Gefangenschaft in verschiedenen Formen gibt, die alle Menschen treffen können. Die geistige Auseinandersetzung mit dem Tod erweist, dass nichts Schreckliches an ihm ist, dass er vielmehr ein täglicher Prozess ist (§§ 18 – 22), dass aber die Sehnsucht nach ihm, so sehr sie auch eine verständliche Reaktion des Weisen auf die Monotonie menschlicher Existenz sein mag, rationalen Argumenten nicht standhält.
Die Einleitung *illud autem ante omnia memento* erhebt den Satz zu einer Maxime, die bildhafte Ausdrucksweise *demere ... tumultum ac videre ...* lässt die Aufforderung leicht verständlich und eingängig werden.

ep. 28, 4: **»Non sum uni angulo natus, patria mea totus hic mundus est«.**

Weil für den Weisen die ganze Welt Heimat ist, wird ein Ortswechsel auf seine Seelenverfassung keinen Einfluss haben. Umgekehrt kann niemand glauben, durch bloßen Ortswechsel eine positive Veränderung seines seelischen Befindens zu erreichen; denn die alten Laster fahren mit, hastiges Herumreisen wird die Lage nur verschlimmern (§§ 1 – 5). Auch wenn der Weise Kosmopolit ist, wird er sich nicht freiwillig besonders unruhigen Orten aussetzen, mag auch der Ort an sich einer vollkommenen Seelenhaltung nicht schaden können (§§ 5 – 8). Entscheidend bleibt das ständige Bemühen um seelische Vervollkommnung, das mit der Erkenntnis der eigenen Fehler beginnt; ist man auf diesem Weg fortgeschritten, so wird der Wohnort ohne Bedeutung sein (§§ 9 – 10).
Der Gegensatz zwischen »einem Winkel« und »die ganze Welt« ist durch *non* und das Asyndeton betont, ferner durch das Zahlwort *uni* und das Deminutivum einerseits und das Demonstrativpronomen der ersten Person andererseits.

ep. 38, 1: **Philosophia bonum consilium est: consilium nemo clare dat.**

Die beste Methode zu philosophieren ist das Gespräch, in schriftlicher Form der Briefwechsel; denn Ratschläge für ein Leben, das sich um sittliche Vollkommenheit bemüht, erteilt man nicht durch Vorträge. Besser eignen sich wenige, leise Worte, die ihre Wirkung entfalten werden.
Die Schlichtheit der Definition *Philosophia bonum consilium est* spiegelt Senecas Philosophieverständnis wider: Die Philosophie hat einen festen Bezug zur Lebenspraxis. Durch die Anadiplose *consilium – consilium* wird die Funktion

der Philosophie als Lebensberaterin hervorgehoben und gleichzeitig das Augenmerk auf die Form gelenkt, wie Philosophie rät: ohne laute Worte.

ep. 41, 8: **Rationale (enim) animal est homo.**

Der Mensch muss nicht Gebete zum Himmel senden; durch die Ratio hat er Anteil an Gott (§§ 1 – 2). Wie man göttliches Wirken an besonderen Orten der Natur zu verspüren glaubt, so verehrt man auch einen Menschen mit vollkommener Geisteshaltung: In ihn ist ein Teil Gottes hinabgestiegen (§§ 3 – 5). Ein solcher Mensch hat diesen Geist durch die ihm innewohnenden Kräfte selbst entfaltet. Dies bereitet keine großen Schwierigkeiten, man muss nur nach der Natur leben (§§ 6 – 8).
(In gleicher Weise lässt sich ausgehend von den Sätzen **Prope est a te deus, tecum est, intus est (§ 1) oder secundum naturam suam vivere (§ 8)** der Zusammenhang des Briefes aufzeigen.)
Rationale ist betont an die Spitze des Satzes gestellt: Die Ratio definiert den Menschen.

ep. 54, 7: **Nihil invitus facit sapiens.**

Während des Asthmaanfalls, den Seneca durchlitten hat, versuchte er, sich durch Gedanken zu beruhigen (§§ 1 – 3): Weil der Weise den Tod als ein bloßes Nichtsein begreift, kann er auch eine positive Einstellung ihm gegenüber gewinnen, der Tod übt auf ihn keinen Zwang aus (§§ 4 – 5). Diese Gedanken halfen Seneca über den Anfall hinweg (§ 6); die *virtus* des Weisen besteht darin, dass er sowohl gerne lebt als auch freiwillig in den Tod gehen kann (§ 7).

ep. 74, 1: Quidni tu, mi Lucili, maximum putes instrumentum vitae beatae hanc persuasionem **unum bonum esse, quod honestum est?**

Allein das sittlich Gute führt zu einem glücklichen Leben, alles andere zur Abhängigkeit vom blindwütigen Schicksal, zu dessen Gaben Materielles und Immaterielles gehören. Diese Gaben sind im Gegensatz zu dem einen sittlich Guten von bunter Vielfalt, aber niemals von Dauer (§§ 1 – 9); sie verhindern die Seelenruhe, indem sie zu Überdruss am Leben und Furcht vor dem Tod führen, wirklich erfüllendes Glück können sie nicht verleihen. Sittliche Vollkommenheit ist dagegen frei von Begierden (§§ 10 – 13).
Die Homoioteleuta auf *-um* verleihen dem Satz Nachdruck, *honestum*, das höchste Gut, steht betont am Ende.

2. ep. 1: Aufmunternde Bestätigung, auf dem eingeschlagenen Weg fortzufahren; der Brief wird als Antwortbrief auf ein Schreiben des Lucilius dargestellt, kein schulmeisterlicher Ton, freundschaftlicher Rat.

ep. 4: Appell, aber auch Bestätigung für Lucilius Bemühen.

ep. 7: Es wird eine fiktive Frage des Lucilius aufgenommen und beantwortet. Seneca bekennt seine eigene Unzulänglichkeit, bezieht sich so in den Lernprozess mit ein.

ep. 15: Aufnahme und Umdeutung einer allgemein bekannten Briefformel; kein Dozieren, das sich nur an Lucilius richtet, sondern Aussagen mit Anspruch auf allgemeine Gültigkeit.

ep. 23: Auftakt mit dialogischem Charakter, paränetisch; Lucilius wird eine Frage in den Mund gelegt, die scharf verneint wird; dennoch urbaner Ton durch Einbeziehung der eigenen Person.

ep. 24: Das Thema wird betont vorangestellt; Aufnahme der Schwierigkeiten, die Lucilius beunruhigen; dialogischer Charakter.

ep. 28: Ein Problem, das Lucilius' Seneca vorgelegt hat, wird aufgegriffen und verallgemeinert.

ep. 38: Bestätigung, dass Lucilius Anliegen ein berechtigtes ist, Einbeziehung der eigenen Person.

ep. 41: Aufmunternde Bestätigung, auf dem eingeschlagenen Weg fortzufahren; der Brief wird als Antwortbrief dargestellt.

ep. 54: Sehr persönlicher Beginn durch Schilderung des Asthmaanfalls; dialogischer Charakter.

ep. 74: Antwort auf ein Schreiben des Lucilius; positive Wirkung des Schreibens auf Seneca; dialogischer Charakter.

Zusammenfassung

In den Einleitungssätzen der Briefe nimmt Seneca oft ein Anliegen des Lucilius auf, mit dem dieser sich an ihn gewandt hat (wie Seneca vorgibt), das aber für einen großen Leserkreis von Interesse ist. So zeigt Seneca seine persönliche Zuwendung für Lucilius und zugleich für den unbekannten Leser. Der Ton ist meist verbindlich, indem Seneca seine Aufforderungen auch auf sich selbst bezieht, manchmal geht er sogar von eigenen Erlebnissen aus. Die Bemühungen des Lucilius werden gewürdigt und unterstützt. Der Leser wird in das (fiktive) Gespräch freundschaftlich einbezogen, empfindet sich nicht als Schüler, sondern als Gesprächspartner.

3. ep. 4, 10: »**Magnae divitiae sunt lege naturae composita paupertas**«: eine bescheidene Lebensführung, die nur die natürlichen Güter erstrebt, bewahrt vor ständiger Unruhe, dem größten Hindernis für ein Leben in wahrer Freude. Seneca bezeichnet das Zitat als »aus fremden Gärtchen entnommen«, nimmt aber seinen Inhalt mit voller Zustimmung in die Argumentation auf.

ep. 7, 11: »**Haec ego non multis, sed tibi; satis enim magnum alter alteri theatrum sumus**«: Dem Philosophen genügt der Umgang mit wenigen; denn die Gefahren für die Seelenruhe und Selbstbestimmung, die von der Menge ausgehen, sind groß. Das Zitat wird zur Bekräftigung der Aufforderung *recede in te ipse, quantum potes* (ep. 7, 8) hinzugezogen.

ep. 15, 9: »**Stulta vita ingrata est, trepida; tota in futurum fertur**«: Wer in seinem Leben nicht die Vernunft gebraucht und so nach den falschen Gütern strebt (z. B. übertriebener Körperkult), lebt in steter Unruhe, weil er nicht in der Gegenwart lebt, sondern in ständiger Sorge für die Zukunft. Der Satz ist ein Kernsatz des Briefes, er wird als »Bonbon« *(mercedula)* eingeführt.

ep. 23, 9: »**Molestum est semper vitam inchoare**«: Wer sein Leben immer wieder neu beginnt, kann nicht auf den Tod vorbereitet sein. Das Ziel philosophischer Bemühung muss dagegen die wahre Freude sein, die in der Überzeugung ihren Ausdruck findet, dass man genug gelebt hat.
Das Zitat wird als Gabe bezeichnet, die zur Einlösung einer Schuld bezahlt wird. Seneca spricht hier von »deinem« Epikur, woraus sich vielleicht schließen lässt, dass Lucilius Anhänger Epikurs war, mit Sicherheit beweisen kann man diese Theorie nach heutigem Stand der Forschung nicht. Den Inhalt der Sentenz übernimmt Seneca.

ep. 24, 18: Ein Satz Epikurs wird indirekt zitiert, seine Argumentation als töricht verworfen.

ep. 24, 22 – 23: »**Ridiculum est currere ad mortem taedio vitae, cum genere vitae, ut currendum ad mortem esset, effeceris**«; »**Quid tam ridiculum quam adpetere mortem, cum vitam inquietam tibi feceris metu mortis?**«; *(His adicias et illud eiusdem notae licet)* **tantam hominum inprudentiam esse, immo dementiam, ut quidam timore mortis cogantur ad mortem.** Das größte Hindernis für ein glückliches Leben ist die Furcht vor dem Tod; die Philosophie hat daher die wichtigste Aufgabe, diese Furcht geistg zu überwinden. Denn sonst kann die paradoxe Situation entstehen, dass Ekel vor dem Leben, der seine Hauptursache in der Furcht vor dem Tod hat, gerade zum Tod zwingt.
Lucilius wartet auf einen Merkspruch, einen Lehrsatz. Seneca hat diesen Satz Epikurs zur Hand und bezeichnet ihn als nützliche Weisung.

ep. 28, 9: »**Initium est salutis notitia peccati**«: Die Fähigkeit, die eigenen Fehler zur Kenntnis zu nehmen, ist die Voraussetzung dafür, dass man zur Verbesserung seiner Seelenhaltung gelangen kann. Ist dies erreicht, so spielt der Aufenthaltsort keine Rolle.
Mit dem Zitat Epikurs bezahlt Seneca den »Zoll« *(portorium)*, damit er den Brief beenden kann. Er beurteilt das Zitat als hervorragend *(egregie)*.

Zusammenfassung

Seneca gibt oft im letzten Teil des Briefes Lucilius einen Satz Epikurs, den er für nützlich und merkenswert erachtet, als Bonbon mit auf den Weg. Dabei geht es meistens um das Ziel der seelischen Unerschütterlichkeit, der Apatheia. Seneca und Epikur sind sich einig, dass ohne innere Ruhe ein glückliches Leben nicht möglich ist; in diesem Punkt gibt es zwischen stoischer und epikureischer Lehre keinen Unterschied. Dies bedeutet daher nicht, dass Seneca ein »halber« Epikureer war. Indem Seneca in seine Argumentation auch Äußerungen Epikurs einbezieht, erhält diese besonderes Gewicht. Seneca ist kein stoischer Dogmatiker; seine Lehre ist auf praktische Anwendung ausgerichtet. Wenn es sachdienlich ist, pflückt er deshalb auch in fremden Gärtchen (*ep.* 4, 10) ein Zitat.

4. Die Argumentation verläuft selten linear, sondern Seneca verwendet folgende Darstellungstechniken:

– Verengende Vertiefung (vgl. zu ep. 1, S. 18): Ein Aspekt aus einer Reihe von Aspekten wird in der folgenden Darstellung vertieft, indem er mikroskopisch vergrößert wird; vgl. z. B. ep. 1, 1: Von den drei Möglichkeiten des Zeitverlusts wird die letzte *(quaedam effluunt)* aufgenommen und vertieft; ep. 4, 2 – 3: Das Thema Furcht wird verengt auf die Todesfurcht und gleichzeitig vertieft.
– assoziative Gedankenführung: Ein Gedanke erhält durch die Änderung einer kleinen Nuance eine andere Wendung; ep. 4, 2: Durch die Paronomasie *pueritia – puerilitas* wird Senecas und Lucilius' Situation beschrieben: Beide befinden sich im Stadium eines Kindes, schlimmer: der Kindlichkeit. Dies wird nochmals korrigiert: Ihre Lage ist noch schlimmer, weil sie die Fehler der Greise und Kinder, oder besser: Kleinkinder, verbinden.
– Bewusste Irreführung des Lesers: ep. 15, 4: Hier wird zunächst der Eindruck erweckt, als ob Seneca dem Leser tatsächlich Ratschläge dafür geben will, wie er sich sportlich betätigen kann; spätestens der 3. Ratschlag, wie ein Gerber herumzuspringen, zeigt, dass auch das Vorige nicht ernst gemeint war. Der nächste Satz führt dann wieder zur Aufforderung, sich geistig zu betätigen, zurück (§ 5).
– Verblüffung: Der Leser wird durch einen paradoxen Satz verblüfft, die Paradoxie wird darauf argumentativ aufgehoben: ep. 23, 4.
– Pointenschluss: Ein Gedanke wird oft durch eine pointenhafte Sentenz abgeschlossen (z.B. ep. 15, 3).
Mittel der Gedankenführung sind besonders auch die Sinnfiguren (–> St 29 – 42).

5. Vgl. die Interpretationen zu den einzelnen Briefen.